扫码，听芝麻科学故事

《芝麻大问号》编委会

芝麻的科学书

芝麻大问号 4

芝麻 编著

化学工业出版社

·北京·

本书是一本适合 7 ~ 12 岁少年儿童阅读的科普百科类图书，以央视著名少儿科普节目主持人芝麻解答新奇、有趣的科学问题为主要表现形式，书中精选了 40 个适合当代少年儿童知识水平和阅读习惯的科学问题，包括“这是真的吗”“动物的新鲜事”“身边的大问号”“植物通关密语”“世界未解之谜”和“科技超炫酷”等类别，通过芝麻风趣、生动甚至有些夸张的语言以及漂亮的图片，为小读者们讲解自然的奥秘、生活的诀窍，让他们感到科学原来是这么好玩、有趣，从而激发他们对科学的兴趣，培养他们探索科学的精神以及对自然万物的人文关怀。

图书在版编目（CIP）数据

芝麻大问号 4 / 芝麻编著. —北京：化学工业出版社，2014.5（2023.1 重印）
ISBN 978-7-122-19997-3

Ⅰ.①芝… Ⅱ.①芝… Ⅲ.①科学知识-少儿读物 Ⅳ.①Z228.1

中国版本图书馆CIP数据核字(2014)第058557号

策　　划：刘海星
责任编辑：王向民　张素芳　王思慧
责任校对：战河红
装帧设计：尹琳琳

出版发行：化学工业出版社（北京市东城区青年湖南街13号 邮政编码100011）
印　　装：北京瑞禾彩色印刷有限公司
880mm×1230mm　1/32　印张5　字数200千字
2023 年 1 月北京第1版第13次印刷

购书咨询：010-64518888　　售后服务：010-64518899
网　　址：http://www.cip.com.cn
凡购买本书，如有缺损质量问题，本社销售中心负责调换。

定　　价：25.00元

成长的必要一课

这本书我是抱着极大的热情并带着微笑看完的，我不得不说，在目前已经出版的大量青少年科普图书中，能让我有这样的耐心和兴趣读下去的书并不多。

现在，孩子的教育已成为每个家长无比上心的一件事，然而，并非只有学校的教学才是唯一重要的教育，与他人的交流、领导能力、团队协作能力、面对困难的应对方法、合理安排计划、必要的文史哲修养，等等，都是孩子成长过程中需要涉及的内容。当然，科普知识和科学精神更是必不可少的一课。

科普教育是一种社会教育，它涉及自然科学、社会科学等多方面的内容，同时它还是一种全民性的教育，无论孩子还是我们大人都需要接受这种教育。它是我们工作、学习和生活中都用得到的小贴士、大智慧，实用而且神奇。而科学研究和探索中提倡的那种务实、钻研、勤勉、坚韧的精神，更是孩子们从小应养成的习惯，只有这样才能让科学精神在他们的心中生根、发芽。无论家长对孩子们未来的规划是否与科学有关，让孩子们接受科普教育对他们今后的人生都是很有助益的，而一本既有趣又通俗易懂、包罗万象的儿童科普读物是启蒙的很好选择。

孩子们承载着万千父母的期望，同时也背负着祖国的期待，让他们快乐、健康地成长和全面发展是天下父母与祖国母亲的共同愿望，而科普无疑是其中非常必要的一课——请原谅我再次强调，因为事实早已证明，这真的很重要。我期待看到更多像本书这样适合孩子们阅读的科普书的问世，我相信孩子们也期待得到这样一本可以将他们的世界变得更加绚丽多彩的图书。

第十届全国人大常委会副委员长
中国关心下一代工作委员会主任　顾秀莲

世界到底有多奇妙？

亲爱的小读者们，现在你们手里的这一系列“大问号”，是大家最喜欢的芝麻特意为你们而写的。你们喜欢芝麻的有趣和聪明，但是大概不知道他为什么要写这么一系列书吧！“世界”，听起来又庞大又深奥，感觉是大人才能懂的事情，小朋友也可以看这样的书吗？

当然可以，因为我们生活在这个世界里，世界的奇妙，是无处不在的。

每天早晨，当你起床的时候，你有没有想过，太阳为什么总是从东边升起，又在西方落下？当你走在上学的路上，会不会思考，行道树是什么品种，那些枝头的鸟儿又有怎样的习性？还有，蚊子为什么要咬人，苍蝇为什么会传播疾病？家里的小狗为什么吐着舌头？就连你睡觉的时候，大自然都悄悄地藏在你身边，蟋蟀在窗外轻声地歌唱，还有些美丽的花儿，专门在夜里开放。

只不过，你们现在年龄还小，掌握的自然知识也有限，但你们终有一天会长大，成为对社会有用的人，有些人还能成为科学家或者自然学家。也许那时候，世界对你们来说仍然还有很多“为什么”“怎么办”和“不知道”，但是，请相信我吧，你们一定会觉得，世界真的是太奇妙了！

世界的秘密有多少？这些“大问号”会比电子游戏更加有意思吗？

当然是这样，芝麻在书里会告诉你很多有意思的知识，我们生活在这个美丽的地球上，如果你完全不懂这些秘密，那可真是太不好玩了。

其实，整个世界和整个宇宙，并不是有些小朋友认为的那么“遥远”，相反，它会让你知道很多有趣和吸引人的事。比如，世界上还有恐龙吗？很多小朋友都知道，没有了，那芝麻为什么会知道恐龙有多高？他是乱猜的吗？还是真的有一台能够穿越时光的机器，把芝麻送回了恐龙的时代？答案都不是，芝麻没有乱猜，更没有亲眼看到，而是科学家们提供了一种方法，使得我们就算没有见过恐龙，仍然能够推断出它们当时是怎么生活的。如果你想知道这个秘密，除了亲自去问芝麻，就只好翻开书来读一读了。

愿芝麻的书，能带给你们最大的快乐！

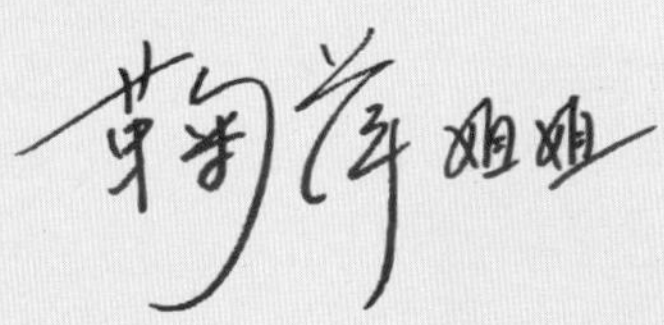

目录

这是真的吗?

动物的新鲜事

身边的大问号

植物通关密语

世界未解之谜

科技超炫酷

这是真的吗？

猪能够找出埋在土里的地雷，这是真的吗？

蜻蜓是两种不同的昆虫，这是真的吗？

气候变暖的元凶竟然是奶牛，这是真的吗？

蚜虫能看到自己的第40代后裔，这是真的吗？

人能够在有生之年看到自己的40代后裔吗？当然不可能，如果可能的话，我们不敢说能见到孔子，至少李白肯定可以在北大中文系当个教授。但大自然是无奇不有的，有一种昆虫，它们可以看到自己的40代后裔，它们就是蚜虫。

对于喜欢养花的人来讲，蚜虫是一种常见的有害昆虫。鲜鲜嫩嫩的花叶一旦被大批蚜虫盘踞，过不了多久就会变得委靡不振，因为蚜虫会用它们像注射器一样的口器吸食植物的汁液。这种昆虫非常小，所以人们很难注意到它们，而一旦你对它们不管不顾，它们的数量就会迅速增长起来。它们有着超乎想象的繁殖能力，当连续5天的

平均气温稳定在12℃以上时，它们便开始繁殖。在气温较低的早春和晚秋，它们完成1个世代需要10天；而在夏季的温暖条件下，只需要4～5天。而且，最让芝麻我吃惊的是，如果温度合适，雌蚜虫甚至一落生就具备繁殖能力，而且它们还可以进行无性繁殖！据估计，一只孤雌胎生的棉蚜在6～11月中旬的150天内不断繁殖，其繁殖的数量可达672623338074292603508个。如果把这些蚜虫平铺起来，其所占的面积则相当于地球表面积的1.3倍。就算是芝麻我见多识广，也不禁惊呼：太可怕啦！

当然，人们也能找到对付蚜虫的方法。芝麻我听说，养花的人看到自己的爱花上滋生蚜虫的时候，就用烟叶泡水来喷洒，蚜虫也就消失得无影无踪了。当然，大自然中还有许多蚜虫的天敌，比如瓢虫、食蚜蝇、寄生蜂、食蚜瘿蚊、蟹蛛、草蛉以及昆虫病原真菌等。所以，虽然蚜虫有着超强的繁殖能力，但还有这么多的因素制约着它们，不让它们肆意地繁殖起来，不然，要不了多久，地球上就都是蚜虫了。

芝麻告诉你

蚜虫虽然可恨，但它们在自然界里也是有粉丝的，它们的铁杆粉丝就是蚂蚁。蚜虫在吸食完植物的汁液以后大约一两分钟就会排出含糖量很高的蜜露，蚂蚁最喜欢吃这个蜜露。所以，蚂蚁把蚜虫看成了它们的奶牛，充当起了蚜虫的保护神。蚂蚁帮助蚜虫赶走天敌，还把它们从枯萎的叶子转移到鲜嫩的叶子上。蚂蚁还会轻拍蚜虫的腹部挤“奶”呢，哈哈。

蚂蚁需要蚜虫的蜜露，蚜虫需要蚂蚁的保护，这种互相利用的关系就是大自然中的共生关系。

现在，我要考考你们：在自然界中，还有一种与蚜虫类似的危害农作物的小昆虫，它们繁殖快，对人类危害大，你知道是什么吗?

A. 蝗虫　　B. 蚊子　　C. 蜜蜂　　D. 蚂蚁

猪能够找出埋在土里的地雷，这是真的吗？

动物世界中谁最聪明？是海里的精灵——海豚，还是树林中的猩猩和猕猴，或者是人类忠实的朋友——狗。芝麻我的答案是——猪！没错，就是猪。不信？那就来听听芝麻我的解释吧！

在许多人的眼里，一向认为猪是很笨的，因为猪胖胖的，整天无所事事，吃了睡，睡了吃，最爱做的事情就是在泥里打滚儿。这样的动物难道能说它聪明吗？可是动物学家得出的结论也许让你大跌眼镜：猪确实是一种温顺、聪明的动物，经过训练的那些猪中精英甚至还能够找出埋在土里的地雷！

用眼睛看、用耳朵听、用嘴拱、用鼻子闻，是猪的最大特点，也是它们感知世界的方法。看看猪的那张突出的嘴和翻起的大鼻孔就知道，这个家伙的嗅觉应该不会差。芝麻我拿到了一张猪鼻子的大照片。大家看，这大大的鼻孔嗅区广阔，嗅黏膜上覆盖着大量的绒毛，分布着密集的嗅神经。小猪宝宝在出生后几小时就能鉴别气味，以此来寻找妈妈的乳头，在三天内就能固定乳头吃奶，而且从不出错。凭借着嗅觉这么灵敏的鼻子，猪很容易就能找到埋藏在地下的食物。在法国的一些地区，地皮下生长着一种珍贵的黑块菌，当地的农民就把

猪当作收获黑块菌的探测员。虽然黑块菌往往长在地下25～30厘米深处，但是猪在6米远的地方就能嗅到。

既然猪的嗅觉这么灵敏，那么它和享誉动物界的“嗅觉大王”狗比起来谁更胜一筹呢？这不仅仅是芝麻我的疑问，也是许多科学家感兴趣的问题。这不，经过科学家对猪的嗅觉进行测定，发现猪大脑中负责嗅觉的部分，甚至与负责听觉和视觉两部分之和的大小差不多，因此猪的嗅觉发达程度应该是狗的数倍，这下，连“嗅觉大王”都不得不服了！猪不仅嗅觉比狗灵敏很多，听觉也相当发达，对各种口令和声音的刺激，经过培训人员的调教都能够快速建立条件反射，而且受训时间也要比狗短得多。猪还有着惊人的记忆力，一旦学会了什么，就很难让它们再忘记。由此，警察专门训练了嗅觉灵敏的“警猪”，它们可以找到犯罪分子隐藏的毒品和枪支，还能用鼻子将它们拱出来。至于说到土里的地雷，我相信通过一定方式的调教与训练，猪能用鼻子嗅出埋在土里的地雷绝对不是什么难事。

猪既然有着这么厉害的嗅觉，那么，如果你哪天在机场看到一头检查毒品的可爱小警猪，一定要记得和它合影留念哦！

芝麻告诉你

猪会不会游泳？这个问题芝麻我可是想了很久。养猪的农民对我说，他从没见过猪游泳，而且新闻报道中也提到过在河里发现了很多被淹死的猪。而我问过的每个人，针对这个问题的答案也有所不同。其实最好的办法是让小猪下水游一下。实验证明，猪不仅会游泳，而且还游得很好——难怪《西游记》中让天河的水军司令天蓬元帅投胎变成了猪呢。看来，对于多数哺乳动物来说，游泳真的是与生俱来的天性。

现在，我要考考你们：据说，有一位农民养了两头猪代替人看守池塘，取得了很好的效果。他在池塘边养猪能起到什么作用呢？

A. 防蛇　　B. 防止人偷鱼

C. 防狗　　D. 把跳到岸上的鱼拱回池塘

蜻蜓是两种不同的昆虫，这是真的吗？

芝麻我有时候不禁为中国文字的奇妙而感叹，中国人造词经常把一种事物的两个不同类型放到一起，组成一个词，代表这种事物。比如说“凤凰”，雄为凤，雌为凰；“翡翠”，红为翡，绿为翠；“麒麟”，雄为麒，雌为麟，等等。这很有意思。后来有人告诉我，蜻蜓实际上指的也是两种不同的昆虫，这是真的吗？

芝麻我翻阅了有关资料，经过了一番研究，终于把这个问题搞明白了，还真是这样的。

我们知道，生物都是按照门、纲、目、科、属、种来进行分类的，蜻蜓目分为三个亚目：差翅亚目、均翅亚目、间翅亚目。其中，差翅亚目统称为“蜻蜓”，包括蜓总科、大蜓总科、蜻总科。你看看，一细分就分出来了。

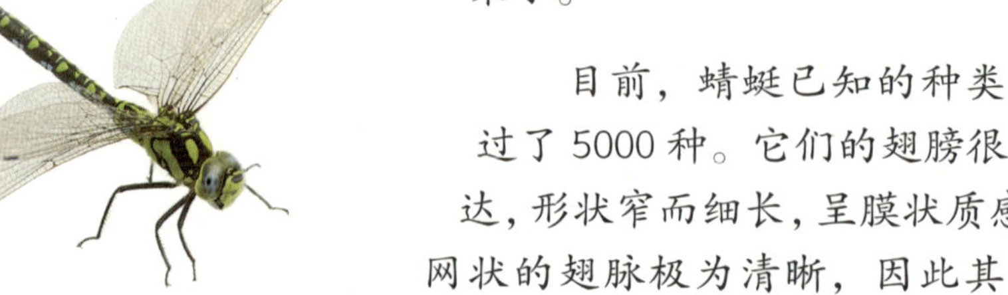

目前，蜻蜓已知的种类超过了 5000 种。它们的翅膀很发达，形状窄而细长，呈膜状质感，网状的翅脉极为清晰，因此其飞

行能力很强，速度可达到10米/秒，飞行方式也很灵活，直上直下、急转弯、后退飞行均能应付自如。蜻蜓的头部可灵活转动，有3个单眼、1对复眼和1对细而短的触角，因此其视觉极为灵敏；长着发达的咀嚼式口器，咀嚼强劲有力。蜻蜓的腹部细长，呈扁形或圆筒形，末端有肛附器；它们的足细而弱，由于其上长有钩刺，有利于在空中飞行时捕捉害虫。蜻蜓的幼虫叫“水虿”，在水中生活，利用直肠气管鳃进行呼吸，它们一般需要2年或2年以上的时间，经过11次以上蜕皮才能爬出水面，最后蜕皮羽化为成虫。蜻蜓的幼虫在水中生活时，一般以孑孓或其他小型水中生物为食，有时也自相残杀。蜻蜓的成虫一般在池塘或河边飞行捕食飞虫，以捕食蚊子、苍蝇、蝶、蛾、蜂等害虫为主，因此，蜻蜓是大大的益虫。

夏日的午后或者傍晚，当芝麻我看到一只只像小飞机一样的蜻蜓飞过时，虽然我一下子还分辨不出哪个是“蜻”，哪个是“蜓”，但我现在知道它们是有区别的。

芝麻告诉你

蜻蜓是世界上眼睛最多的昆虫。蜻蜓的眼睛又大又鼓，占据着头的绝大部分，且每只大眼睛又由密密麻麻的“小眼”构成，这些“小眼”叫作复眼，都与感光细胞和神经连着，可以辨别物体的形状和大小，它们的视力极好，而且还能不用转头而看清楚四面八方。你知道这些小眼有多少只吗？告诉你，有28000多只。难怪蜻蜓能成为捕捉蚊子等害虫的能手呢。

现在，我要考考你们：我们经常看到蜻蜓点水，你知道它们在做什么吗？

A. 嬉戏　B. 产卵　C. 想更凉快一点　D. 练习飞行技巧

气候变暖的元凶竟然是奶牛，这是真的吗？

芝麻我每天早晨起来都要喝一杯牛奶，这可是保持体内钙质的好习惯。不过，今天我却收到了一个小朋友的来信，他说现在冬天不下雪都是因为大家喝牛奶造成的。什么？！气候变暖的元凶竟然是奶牛？芝麻我严重怀疑。说话可要有证据啊！我还是去奶牛场来一次实地考察吧。

要说这奶牛的饭量还真不小。你看它们每天在那里嚼啊嚼的，好像从来就没有停下来过。看来它们一天只做三件事：吃草，睡觉，产奶。还有一件最重要的事情忘记了，那就是打嗝放屁。你一定会不相信自己的耳朵，打嗝放屁？这有什么大惊小怪的。难道打嗝放屁还能引来什么灾难吗？说对了！就在前不久，在德国中部的一个小镇里，一家农场的牛舍发生了爆炸，几头奶牛被炸伤了。警方经过周密调查发现，牛舍爆炸的原因居然是因为冬季里牛舍通风不好，积聚了大量的可燃气体甲烷，因此导致了爆炸。而这些气体竟然是来自牛放的屁！虽然引发爆炸的是一次偶然发生的静电反应擦出的小火花，但是这气体的浓度也太大了吧！

说到这里，芝麻我感到身后好像有什么东西在碰我

的头发。好嘛！是一头奶牛，它瞪着眼睛的样子好像很生气。我明白了，那是在对我说：芝麻！别把什么事儿都推到我们头上，要不是你们人类喝牛奶、吃牛肉，哪里会有那么多的连锁反应！是啊！世界上的奶牛和肉牛，还有其他的牛哥和牛弟，加起来的数目足以让你大跌眼镜！据科学家研究得出的结论，人类在享受牛奶、牛肉带来的丰富美食的同时，数目庞大的牛类打嗝放屁也是地球气候变暖的一个重要原因。

2006 年，联合国粮农组织在一份报告中详细列举了动物产品对生态环境的影响，其中 10.5 亿头牛的气体排放成为温室效应的最大元凶。芝麻我在奶牛场已经领教到了牛气冲天的厉害，据说每头奶牛一天就能排放 500 升的甲烷。这不过是牛屁里的一部分气体而已，牛屁中可是含有 100 多种污染性很强的气体，其中主要包含氨气和甲烷。而甲烷是造成大气温室效应的罪魁祸首，甲烷暖化地球的能力比二氧化碳要强出 20 倍。如果我们人类对畜牧业不加控制，我们的地球就会越来越暖和。那样的后果可是灾难性的。

难道我们就一点办法都没有了吗？不用过度担心，科学家们正在研究畜牧业的减排措施，目的是大幅减少污染气体的排放。至于芝麻我的减排措施，就是少吃牛肉！

芝麻告诉你

虽然把气候变暖的元凶归到了奶牛身上，但是我们人类才是这一切的责任者。毕竟，奶牛是人类养的啊！对牛奶和牛肉需求的增加，对汽车等交通工具的依赖，都会对环境产生不利的影响。有识之士早就意识到，要想保护地球、保护环境，最重要的还是要从我们自身做起，低碳环保，节能减排，绿色出行。

现在，我要考考你们：牛排出的氨气总量十分惊人，科学家统计大概占地球氨气排放总量的多少呢？

A. 2/3　　B. 1/2　　C. 3/4　　D. 1/3

亚洲鲤鱼成了美国政府的心头大患，这是真的吗？

最近芝麻我听说，亚洲鲤鱼居然成为美国政府的心头大患。美国政府决定拿出 180 亿美元耗时 25 年来彻底解决鲤鱼对美国环境的威胁和侵害。你可能要问：亚洲鲤鱼对美国真的有那么可怕吗？

在芝麻我的印象中，菜市场上我们能买到的鲤鱼也就两三斤重，用它做出的菜味道鲜美。亚洲鲤鱼在美国怎么就成了灾害呢？难道它们变得更大、更凶猛了吗？

芝麻我决定深入调查一下，以便揭开这其中的奥秘。咱们先来说说“亚洲鲤鱼”这个概念吧，美国人所说的“亚洲鲤鱼”其实指的不是一种鱼，而是包括青鱼、草鱼、鲢鱼、鳙鱼、鲤鱼等八种鱼。可能是因为美国人没有吃淡水鱼的习惯，所以把这些淡水鱼都统称为“亚洲鲤鱼”了。在芝麻我看来，吃鱼挑刺确实是一件非常麻烦的事情。不过，“亚洲鲤鱼”是怎样跑到美国去的呢？难道是自己游过去的？这还得从20世纪70年代说起，当时美国政府为了改善淡水湖的生态环境，清除淡水湖和池塘中的藻类以及其他植物，特意进口了很多“亚洲鲤鱼”。但是，哪知道这些“亚洲鲤鱼”的适应能力非常强，很快就安居了下来，再加上根本就没有什么天敌来打扰它们，“亚洲鲤鱼”简直像到了天堂一般，以惊人的速度繁衍生息，而且长得也非常快，有的鱼甚至能长到一米多长，最重的可达45千克。想一想，这么大的鱼是不是有点儿吓人呢？说到这里，你一定想到了一个熟悉的名词：外来物种入侵。没错，对于美国人来说，“亚洲鲤鱼”简直就是一种灾难！这些自由自在的“亚洲鲤鱼”成群结队游弋在湖泊河流中，它们不仅吃掉那些泛滥的藻类，就连本地鱼类赖以为生的浮游生物也被吃得干干净净。这些巨无霸鱼群反客为主，逼得本地鱼类无处安身，连生物链也处于濒临崩溃的边缘。

既然“亚洲鲤鱼”作为外来入侵的物种这么厉害，理所当然应该引起人们的重视。不过，在最初的时候许多人把希望寄托在了渔民兄弟的身上，可是当渔民拿着被亚洲鲤鱼撞破的渔网给大家看的时候，问题才真的变得严重起来。“亚洲鲤鱼”仗着身材巨大，简直是肆无忌惮。它们特别喜欢在水里进行跳高比赛，尤其是当有人驾船经过的时候。美国人甚至组成了猎杀“亚洲鲤鱼”俱乐部，他们想效仿古代的勇士们用弓箭射杀“亚洲鲤鱼”，不过这些鱼也不是善类，它们一点也不怕人，当射手们准备射箭的时候，巨大的“亚洲鲤鱼”竟然会突然跳出水面，用强有力的尾部袭击射箭的人。面对令人如此伤脑筋的“亚洲鲤鱼”，美国政府终于决定投入180亿美元的巨款来修筑堤坝，以阻挡“亚洲鲤鱼”进一步入侵其他的水域。

有的同学肯定会说，这么大的“亚洲鲤鱼”味道一定不错，要是捕捉后运到世界各地，让人们都能享用美味该有多好啊！这倒真是个好主意。听说已经有人计划在“亚洲鲤鱼”泛滥的水域边建设鱼肉加工厂了。说不定哪一天你真能吃到从美国进口的“亚洲鲤鱼”呢！这可是野生的哦。

鲤鱼也会“飞”？那不真成了鲤鱼跳龙门了吗？在“亚洲鲤鱼”中，有一种鲢鱼的新品种向人们展示了它们的新天赋——飞行。三米多的障碍对于这种鱼来说不过是轻轻一跳，在水面上利用张开的胸鳍和腹鳍进行滑行是它们的看家本领，六七米的滑行距离根本不在话下。最要命的是，如果想用筑坝的方法拦截“亚洲鲤鱼”的话，那么该筑多厚的堤坝才能起作用呢？

现在，我要考考你们：“亚洲鲤鱼”的食量非常惊人，那么一条“亚洲鲤鱼”每天吃掉的食物约占其体重的多少呢？

A. 体重的四分之一　　B. 体重的一半

C. 体重的两倍　　D. 和体重相等

芝麻大问号?

蓖麻比毒蛇还可怕，这是真的吗？

在芝麻我的手心里，有一枚看上去很普通的植物种子——蓖麻子。你一定会问："芝麻，你拿着蓖麻子是要榨蓖麻油吗？"你只猜对了一半。对于喜欢刨根问底的我来说，蓖麻子除了榨油，还有更惊人的秘密，那就是它比毒蛇还可怕，这是真的吗？

毒蛇最可怕的是它的毒液，被毒蛇咬伤后，毒液就会进入人或者动物的体内，迅速破坏神经和血液系统，从而导致人或者动物中毒，严重的甚至会死亡。芝麻我曾经查过资料，一滴最毒的太攀蛇的毒液竟然能够毒死约 100 个人！是不是超级可怕？

那么，为什么说蓖麻比毒蛇还可怕呢？原来，这是因为蓖麻中含有一种和毒蛇的毒液同样致命的蓖麻毒素。经过高度提纯的蓖麻毒素只需要 0.2 毫克，就能夺去一个人的生命。而且，作为一种剧毒的植物蛋白，蓖麻毒素对人体的肝、肾都会造成严重的损害，同时它还能抑制呼吸、麻痹心血管系统等，从而导致中毒者死亡。

最可怕的是，毒蛇有它固定的活动区域，人类是可以通过各种方式防范的，但是蓖麻毒素却仿佛一个神秘的影子一样不可捉摸，在一些侦探小说里，它通常被描写成不易被人察觉却又能置人于死地的致命毒素。

既然蓖麻毒素这么可怕，为什么不禁止种植蓖麻呢？那是因为蓖麻虽然有毒，但是对人类却有着不可或缺的重要作用。还是让我们先来说说让人闻之色变的蓖麻毒素吧。作为剧毒的植物蛋白，蓖麻毒素是把典型的双刃剑。因为它除了能夺走人的生命，也能挽救人的生命。根据医学实验，蓖麻毒素对癌细胞有着强烈的抑制作用，可以作为抗癌药物的重要成分。随着医学科学家们对蓖麻毒素的临床应用和研究的不断深入，人类在抗癌的征途中又多了一个好帮手。

其次，蓖麻还是重要的经济作物。蓖麻最大的用途是榨油。不过芝麻我提醒大家，这种油可不是吃的哦。蓖麻油是非常棒的工业用油，它最大的特点就是耐低温，即使在 −50℃的环境中，它的稳定性仍然非常高。因此，它是航空器材和高速机械设备优质的润滑油。由于蓖麻油是不干性油，有良好的相溶性，所以它还被广泛用于化工、机械、建材、金属、橡胶工业等多个领域。芝麻我不得不说，蓖麻油才是真正的“万金油”啊！

怎么样？看来蓖麻的好处还真是不少啊！我还真得好好珍惜爱护手里这颗宝贵的蓖麻种子呢！

芝麻告诉你

我国古人在很早以前就知道蓖麻能治病，早在中医典籍《唐本草》中就有记载。古代的医生们主要用它来治疗皮肤病和便秘；对于毒疮和脓肿，蓖麻也有疗效。因此，从古代起，蓖麻就成为了一味重要的中药材。

现在，我要考考你们：蓖麻属于有毒植物，它全株都有毒，那么蓖麻什么部位的毒性最大呢？

A. 蓖麻叶　　B. 蓖麻种子　　C. 蓖麻根　　D. 蓖麻壳

珠算也是非物质文化遗产，这是真的吗？

芝麻我小时候上过一门课，这门课现在已经没有了，但如果你们回家问问自己的爸爸妈妈，也许他们曾经也上过哦。这门课的名字就叫作——珠算。珠算现在已经不是同学们必须要学习的课程了，可是它的历史地位谁也无法忽视。那么，你知道珠算是怎么回事吗？

算盘是中国发明的一种很古老的计算工具。关于算盘的来历，最早可以追溯到公元前600年，古人把10个算珠串成一组，一组组排列好后放入框内，即可拨动算珠进行计算。

算盘是在算筹的基础上被发明出来的。什么是算筹？怎么说呢，芝麻我觉得算筹从模样上看就像是我们现在用的筷子，只不过短了好多，也许更像我们吃的冰棍儿的棍，它是在算盘被发明之前广泛使用的一种计算工具。有个成语叫“运筹帷幄”，“筹”说的就是这个东西。其实，珠算刚出现时还不成熟，所以算盘和算筹作为计算工具共同存在了很长时间。据说，在南北朝时，祖冲之的圆周率就是利用算筹计算出来的。至于珠算是在什么时候成熟起来并最终取代算筹的，确切时间已经无从考证了，反正后来就没有算筹了。试着想一下，在反映近代社会生活的古装电视剧里，我们看到酒楼、当铺、茶馆、药铺掌柜面前摆放的都是算盘，如果他们还在用小木棍摆来摆去，一定会让你觉得莫名其妙。

在电子计算器被发明以后的几十年里，好多人还是习惯用算盘进行计算，因为珠算有计算器无法比拟的优点，比如说珠算不用电，不会出现按错键的情况等。在相当长的一段时间，打算盘是我国财会人员必须掌握的工作技能，更有些人会双手打算盘的绝技，其优美程度绝对可以和双手写毛笔字相媲美。

算盘的材质一般为木质，但也有铁质、金质、玉质的。说起来，打算盘时的劈啪声很好听，算珠上下翻飞也煞是好看。就是这样的一件优雅的计算工具，目前已经日薄西山，还在使用它的人已经很少了。为了保护这种堪称艺术品的计算工具，中国很早就开始了珠算申遗的工程，经过五年的不懈努力，终于申遗成功。联合国教科文组织保护非物质文化遗产政府间委员会第八次会议于 2013 年 12 月 4 日在阿塞拜疆首都巴库通过决议，正式将中国珠算项目列入教科文组织人类非物质文化遗产名录。

目前，虽然用算盘的人越来越少了，但据说有人又发现了算盘的特殊功效，比如开发智力、锻炼手指灵活性、预防老年痴呆等，古老的算盘又获得了新生。

算筹是算盘的前身，也是计算机的前身，人类在征服数字的路途上，留下了一个个深深的足迹。

芝麻告诉你

算盘被发明以后，为了便于使用和学习，人们又发明了珠算口诀。珠算口诀有点像乘法口诀，背会珠算口诀，就可以更快速地进行计算，而且能避免计算错误。珠算口诀很优美，说起来就像诗歌。其中有一些珠算口诀已经演变为有实际意义的成语，比如二一添作五，意思就是一人一半；三一三十一，意思就是三个人均分，等等。

现在，我要考考你们：中国传统算盘分为上下两部分，下面一颗珠子代表一，那么上面一颗珠子代表几呢？

A. 二　　B. 三　　C. 四　　D. 五

对于植物，芝麻我总是有一种发自内心的敬意，因为在大千世界中只有植物是如此安静，又如此充满着生机。想一想，有那么多美好的诗歌和成语来赞美植物。其中有一个成语你肯定听说过，那就是：昙花一现。

“昙花一现”这个成语的意思是像昙花开放一样只有很短的时间，比喻美好的事物出现的时间很短。这里所说的昙花你见过吗？作为一种附生性仙人掌科植物，它开花的时候非常美丽，但是花期却很短，只有3到4个小时，而且大多在夏天或秋天夜深人静的时候开放。如果不是守候在旁边，想看到昙花开放，并不是一件容易的事情。

芝麻我的运气还真是不错，因为我见过一次盛开的昙花，真的是十分美丽呢。当时我非常感慨，为什么如此美丽的花不能开得更长久一点呢？究其原因，这其实是由昙花的习性决定的。昙花最初

是被人们在南非、墨西哥等地的沙地中发现的。为了适应沙地生活，昙花养成了储水和节水的特性。在长期的生存进化中，它们长出了又肥又宽的肉质叶片，目的是为了储存更多的水。

昙花总是在夏秋的晚上八九点钟以后才开花，而开放后三四个小时花瓣就凋谢了，这是因为在开花时昙花的全部花瓣都灿烂地张开，这样的状态最容易散失水分，而它的根部从沙土中吸收的水分不多，无法使花瓣长时间维持在开放状态。当水分不足的时候，花就会慢慢收拢起来，花瓣也在很短的时间内就凋谢了。昙花的这一习性，与它原生地的特殊地理环境和气候有关，沙漠中昼夜温差较大，晚上八九点钟以前，温度普遍偏高，而到半夜之后，气温又很低，不适合花朵开放。因此从晚上八九点钟到12点钟的三四个小时内是昙花自然选择后的最佳花期。你看，连植物都会做出这样聪明的选择呢！昙花因为短暂的花期和美丽的花朵而得到世界各地人们的喜爱，这种原本在沙地生活的植物已经被移植到世界各地，真正地走入了寻常百姓家。当然了，即便如此，想看到昙花开放还是要静静地耐心守候哦。

芝麻告诉你

绿色植物一般是白天进行光合作用，吸收二氧化碳，释放氧气。夜晚它们都会变得和人体一样，吸收氧气，呼出二氧化碳。然而昙花却恰恰相反，它会在白天关闭叶片背面的气孔，到了晚上，待周围环境气温降低到适当温度后，才开启叶片背面的气孔，排出氧气，吸收二氧化碳。正因为昙花具有这种可以在夜晚吸入二氧化碳、释放氧气的特性，它和很多多肉植物一样，非常适合摆放在室内。

现在，我要考考你们：你知道下面的哪种植物和昙花属于一类吗？

A. 夹竹桃　　B. 牵牛花　　C. 水仙花　　D. 仙人掌

鳄鱼中也有戴眼镜的“教授”，这是真的吗？

鳄鱼！一提到这个名字，同学们脑海里就会蹦出“凶猛”“残暴”这样的形容词吧。芝麻我看到鳄鱼的时候，也是心惊胆战的。可你们知道吗？鳄鱼当中也有戴着眼镜，看上去文质彬彬的“教授”，这种鳄鱼叫作凯门鳄。凯门鳄的“眼镜”，其实是指在它们眼睛的前端有一条横骨脊，很像人戴的眼镜架，因此它们又有眼镜鳄之称。

凯门鳄生性凶猛，是水陆两栖的肉食动物，而且生态适应能力较强，美洲南部和中部都有它们的身影。凯门鳄共有三属：短吻鼍属、亚马孙鼍属、南美鼍属。其中亚马孙鼍属的黑凯门鳄是体型最大的一种。它的体长可

达到 4.5 米，够长的吧！世界上最小的鳄鱼是南美鼍属中的居氏侏儒凯门鳄，长大后它的长度也不足 1.5 米。你们知道吗？小凯门鳄和成年凯门鳄的食物随年龄、季节和栖息地的不同而变化。幼鳄主要以无脊椎动物为食，半成年和成年凯门鳄主要以水生和陆生的脊椎动物为食。

同学们都知道鳄鱼皮有很高的商用价值，目前，凯门鳄的皮是国际贸易的法定鳄皮。为什么把凯门鳄的皮作为法定鳄皮呢？一方面是因为凯门鳄生态适应能力较强，易于繁殖生长；另一方面，拉美许多国家建立了持续利用凯门鳄的管理机制，根据野外种群的收获量规定了猎捕量，被猎捕的多为经济价值相对较高的大型雄性凯门鳄，因此不会影响种群的生存发展。

芝麻告诉你

人们常用“鳄鱼的眼泪”来讽刺那些伪君子，那么鳄鱼真的会流眼泪吗？经过芝麻我研究发现：鳄鱼真的会流眼泪。但是鳄鱼流泪是一种自然的生理现象，它们流泪的目的是在排泄体内多余的盐分，即鳄鱼通过特殊的盐腺来排出盐分。鳄鱼的盐腺中间是一根导管，并向四周辐射出几千根细管，跟血管交错在一起，把血液中多余的盐分离出来，通过中央导管排出体外。而这根导管开口就在眼睛附近，所以当这些盐被分离出来时，就好像鳄鱼真的在流泪一样。

现在，我要考考你们：凯门鳄虽然确实可以水陆两栖，但它却不属于两栖动物哦。同学们，你们知道下列哪种动物是两栖动物吗？

A. 龟　　B. 蛇　　C. 蜥蜴　　D. 中国大鲵

动物的新鲜事

为什么非洲的斑马、角马、瞪羚会一起迁徙？

大象和河马打架谁能占上风？

鹿豚为什么脸上长牙齿？

芝麻大问号

三不像的动物你见过吗？

我们生活的世界上有许多神奇的动物，霍伽狓就是其中的一种。只是听名字，你根本没法想象这到底是什么东西。确实，它相当神秘，是一种一直到1901年才在非洲扎伊尔森林中被发现的大型哺乳动物，科学家们也将它称作欧卡皮鹿。霍伽狓是长颈鹿科中的一种偶蹄动物，与长颈鹿有亲缘关系，是长颈鹿唯一尚未灭绝的近亲。芝麻我的好奇心被激发起来了，马上要去探一探霍伽狓这种神奇的动物。

霍伽狓的神奇之处首先就是它的外形。霍伽狓是一种鹿，但它看起来很像马，而且因为它的臀部和腿的上部有水平的黑白条纹，所以它看起来更像斑马。甚至有人怀疑它是长颈鹿和斑马的后代，这当然是没有科学根据的，因为霍伽狓和斑马在血缘上没有丝毫的联系。最初人们发现这种动物的时候，有人说它是“非洲独角兽”，这种说法当然更是无稽之谈，因为随后人们就发现霍伽狓的雄兽是有两只角的。霍狮狓似马非马、似长颈鹿非长颈鹿、似独角兽非独角兽，所以它是名副其实的“三不像”。

和斑马一样，霍狮狓身上的条纹也有保护色的作用，另外对幼兽来讲也有辨识作用，是一种“跟我”标志，它告诉幼兽要看准标志，紧跟自己的“母亲”。霍狮狓的舌头是蓝色的，很长，也很灵活，便于它用舌头卷取嫩树叶进食。霍狮狓甚至还可以使用长舌头来清洁自己的眼睛和耳朵。霍狮狓的耳朵很大，可以用耳朵的敏锐听觉来发现它们的天敌——豹。

霍狮狓是一种很胆小、很害羞的动物，除了交配外，一般都单独活动，而且只在白天活动和觅食。它们每天

只需要睡5分钟，其他时间始终保持着警惕。它们会使用每只脚上的特殊腺体分泌一种沥青似的物质来标志它们走过的地方，还会使用尿的气味来标志它们的领地。

虽然这种神秘的动物目前还没有被列入濒危动物的名单，但是它们的状况并不是很乐观，一是因为它们生活的环境日益遭到破坏，二是也有不少偷猎者开始打起它们的坏主意了。所以芝麻我带头呼吁：保护霍狮狓，不要让它们在大多数人都没有认识的时候就灭绝了。果真如此的话，那不仅是霍狮狓的悲哀，更是人类的悲哀。

芝麻告诉你

一直以来，霍狮狓都被认为是一种神秘的动物，直至今日，霍狮狓还是神秘动物学协会的标志。芝麻我觉得，人们之所以认为霍狮狓神奇，一是因为这种动物确实与我们常见的食草动物有较大差别，二是缘于人们对它了解得还太少，三是因为霍狮狓是一种珍贵的动物，目前数量已经很少了。

现在，我要考考你：人类的孕期大约为300天，你知道霍狮狓的孕期大约是多少天吗?

A.150天　B.220天　C.310天　D.430天

为什么非洲的斑马、角马、瞪羚会一起迁徙？

在自然界中什么事件最让你神往？芝麻我最神往的事情就是迁徙。没错，随着动物进行一场梦幻般的旅行是我一直以来的梦想。有个科考队的朋友对我说，既然你这么喜欢迁徙，不如去非洲吧！东非野生动物大迁徙一定会让你心潮澎湃。

提起东非野生动物的大迁徙，真可谓一大奇观。你想想，几百万头野生动物一起朝着同一个目的地狂奔，怎么能不令观者感到震撼？那样壮观的场景让芝麻我想起了钱塘江大潮，还有那句歌词："没有什么能够阻挡。"

不过，据芝麻我观察，虽然动物之间并没有明显的领袖，但在迁徙的队伍中，总是斑马在前、角马居中、瞪羚殿后，这个规律从没有改变

过，而这又是为什么呢？

要解释这个问题，首先必须要弄清楚这些动物为什么要迁徙。这些动物都是食草动物，可以说，哪里有草哪里就有这些动物的存在。这些动物的迁徙正是为了追逐水和草，这里的草吃完了，必然会走向其他的地方。你一定会问，这就能形成大迁徙吗？是的，一两只动物的确不会形成大迁徙，但你知道吗？需要以脚下的草为生的动物不是一两只，不是 10 多只，不是 100 只，而是几十万、上百万只。这些动物开始生活在肯尼亚的马赛马拉自然保护区，当马赛马拉自然保护区的草被吃完了以后，它们就要迁往坦桑尼亚的塞伦盖蒂大草原，因为它们知道，那里有肥美的草在等着它们。追逐水和草而居，为食物而奋斗，则成了东非野生动物大迁徙最自然的动力。

东非野生动物大迁徙不同于一般的动物旅行，用波澜壮阔四个字来形容一点儿也不过分。在迁徙的队伍中，之所以斑马群领头、角马群居中、瞪羚群殿后，与这三种动物对食物的喜好及自身特点密切相关。斑马喜欢吃草的上半部分，角马喜欢吃草的下半部分，所以角马总是跟在斑马的后面。而当角马走后不久，草就会又长起来，正好供后面脚力稍慢、紧跟上来的瞪羚吃。你看，这三种动物合作得多好啊。

不要以为迁徙是多么好玩的事情，每当它们迁徙的时候，都会引来大批食肉动物埋伏在它们必经的路上，狮子、豹子、鬣狗等岸上的猛兽，还有鳄鱼、河马等水里的凶神，它们随时会蹿出来吃掉或者咬死迁徙的动物们，用危机四伏来形容它们的迁徙之路绝不是危言耸听。芝麻我在看中央电视台直播的东非野生动物大迁徙时，就亲眼看到一只小角马被埋伏在马拉河里的鳄鱼拖下了水，真是太凄惨了！

但这就是大自然的规律。被狮子、豹子、鬣狗、鳄鱼吃掉的动物肯定是它们种群中最弱的，这从另一方面来讲，也有利于种群的生存和优化。

自然界中的动物们在大迁徙中表现出的勇气、毅力和决心也深深感染了芝麻我，如果有机会的话，我一定会到非洲去亲眼看一看马拉河上奋勇向前的角马群。

芝麻告诉你

在东非野生动物大迁徙中，角马群是绝对的主角。因为在整个迁徙的过程中，角马群有一条必经之路——马拉河。在这条河中，有着凶残的尼罗鳄和凶悍的河马，每到数以百万头的角马群来临的时候，它们都会在这里进行守候和伏击。而角马群似乎是认准了这一路线，不怕牺牲，不畏艰险，前赴后继进行渡河大行动。而这悲壮震撼的一幕，也成为了东非野生动物大迁徙中的经典场面。

现在，我要考考你：东非野生动物大迁徙总是发生在马赛马拉和塞伦盖蒂之间，你知道这两地之间的距离大约是多少吗？

A.100 千米　B.1000 千米　C.3000 千米　D.10000 千米

眼镜猴的眼睛为什么那么大？

眼镜猴是一种特别有趣的猴，它的身长只有 9 ~ 12 厘米，但眼睛的直径却超过了 1 厘米，就像戴着一副大眼镜，所以人们叫它眼镜猴。这真的很奇特吗？你也许不觉得，让芝麻我来做一个放大，就放大到我们人类身上吧。如果按这个比例，一个身高 1.7 米的人，他眼睛的直径至少要达到 14 厘米。如果你见到一个长着一双直径达 14 厘米眼睛的人，还不被吓得半死啊？

眼镜猴是一种古老的动物，最早出现在距今 6000 万年以前。目前地球上仍然生活着眼镜猴、西部眼镜猴和菲律宾眼镜猴 3 个品种，它们是热带和亚热带茂密森林中的树栖动物，喜欢生活在茂密的次生林和灌木丛中，在原始森林中也有分布。

眼镜猴的眼睛为什么那么大呢？

芝麻我研究发现，这是

因为眼镜猴是一种夜行动物，就是说眼镜猴白天都躲在树上睡觉，只有到了晚上，它们才出来活动觅食。眼镜猴对危险非常敏感，甚至在休息时，也会睁着一只眼。眼镜猴的大眼睛非常适合夜间捕食，它们的视网膜没有视锥细胞，有利于它们在夜间看清楚东西。

你们明白了吧，看来，眼镜猴的大眼睛是自然选择的结果。

不过，芝麻我觉得特别伤心的是，目前，眼镜猴已经成了濒危动物。1921 年，随着最后一只侏儒眼镜猴被制成标本，科学家一度认为这种动物已经灭绝了。但在 2008 年，科学家又意外地在印度尼西亚茂密的山林中发现了它们的踪迹。这对人类来讲，是个大的惊喜。

眼镜猴还有一个很奇怪的习性，就是热恋乡土，不能离开家乡，一旦离开了它们生长的地方，眼镜猴就会死去。所以，眼镜猴虽然可爱，你也不要试图把它当宠物来养。

为了我们的后代还能看到这种可爱的小动物，请保护眼镜猴吧。

芝麻告诉你

眼镜猴是目前已知的最小的猴种之一，与狨猴大小差不多。而狨猴一般被认为是世界上最小的猴子。还有一种很小的猴子叫蜂猴，体长只有 28 ~ 38 厘米，比眼镜猴大一些。蜂猴也是一种很可爱的猴子，习性和眼镜猴差不多，而且也非常懒，所以，人们又把蜂猴叫作懒猴。蜂猴的数量也很少了，所以蜂猴也被列为国家一级保护动物。

现在，我要考考你们：你知道眼镜猴的寿命一般有多长吗？

A. 5 ~ 10 年　　B. 15 ~ 20 年

C. 25 ~ 30 年　　D. 40 ~ 45 年

神秘的雪橇犬是什么样的狗呢？

怎么样？今年你的家乡下雪了吗？芝麻我去过的一个地方冬天里可经常是大雪纷飞，这个地方就是阿拉斯加。要问我为什么来到这个地方，那是因为我要探寻一个问题的答案：雪橇犬是怎样的狗呢？

首先要澄清的是，我们通常所说的雪橇犬指的并不是一种犬，而是一类犬。雪橇犬总共有十三个不同的种类，其中最有名的两种雪橇犬是西伯利亚雪橇犬和阿拉斯加雪橇犬，它们之间可是有区别的哦。

看！这就是著名的西伯利亚雪橇犬，它还有一个广为人知的名字——哈士奇犬。不用问，它们的祖先肯定是来自于俄罗斯寒冷的西伯利亚地区。确实，在很久以前，是西伯利亚原始部落的楚克奇族人驯服了哈士奇的祖先，并把它们作为雪橇犬使用。哈士奇犬长得像狼，冷酷中透着一副王者的气概，但是性格上却和狼的残忍、冷静完全相反，哈士奇犬对人温顺、友好，绝少主动攻击人类，而且它还像小孩子一样特别贪玩儿，对主人会显示出一种夸张的热情，寸步不离，十分依赖。到了外面，虽然它酷酷的外表常会吓唬人，但是即使是很小的小狗，有时候也会欺负它。这个时候，哈士奇一般都会选择礼貌的退让。

阿拉斯加雪橇犬比哈士奇要高大一些，它的名字叫作阿拉斯加马拉缪特犬，它还有一个很响亮的名字——爱斯基摩犬。它的名字来源于生活在阿拉斯加的爱斯基摩人中一个叫作马拉缪特的部落。看来，那些在大自然严酷的环境中勇敢生存的原始部落才是雪橇犬的最早使用者啊！这种最早的极地雪橇犬自从被探险家们发现之后，就成了探险队的当然合作者，数次的极地探险中都

有它们的身影。

和哈士奇犬一样，阿拉斯加雪橇犬是人类的好朋友。雪橇犬之所以能够担负起拖拉雪橇的重任，对人类的极端友好和团队合作精神一定是它们必须具备的品质。同时，喜爱干净，经常自我清洁搞好个人卫生是雪橇犬的一大优点，即使是在十多条犬组成的雪橇队中，也不会有难闻的异味。和大多数狗不同的是，它们在大多数时间里是安静和稳重的，只有在偶尔的时候，它们会发出狼一样的长嚎声，也只有在这个时候人们才会发现，在它们已经被驯化的身体中还遗留着祖先迎风傲雪的野性基因。

说了这么多，你一定想第一眼就分辨出这两种大名鼎鼎的雪橇犬吧！你可以根据眼睛的颜色和尾巴的形状分辨它们。很多哈士奇犬的眼睛是蓝色的，还有个别的犬像波斯猫一样，一只眼睛是蓝色的，而另一只眼睛可能是棕色、褐色或杂色的。阿拉斯加雪橇犬的眼睛没有蓝色的，因为蓝眼是不能进入雪橇队的，这倒是个奇怪的选择。至于尾巴，阿拉斯加雪橇犬的尾巴是卷着向上翘的，被人形象地称为“一根招摇的大羽毛”。而哈士奇犬的尾巴很直，不会打卷。下次你要是见到它们，相信一下就能看出来。

芝麻告诉你

在西伯利亚和北极圈附近拉雪橇除了要有极好的耐力和体力之外，最重要的恐怕就是要有一件好的“保暖衣”了。没错，芝麻我说的是哈士奇犬身上的“毛衣”。它身上有两层毛，外部的毛根系粗大而结实，顶端油亮，不容易脱落；而内部的绒毛多而密实，还能分泌一层厚厚的油脂。你知道为什么哈士奇不怕极地酷寒了吧！

现在，我要考考你们：西伯利亚雪橇犬和阿拉斯加雪橇犬之所以能够拉雪橇，还有一个重要的原因，你知道是什么吗？

A. 它们都善于跳跃　　B. 它们都善于冲刺

C. 它们都很好奇　　D. 它们都善于长跑

大象和河马打架谁能占上风？

大象和河马都是动物界里的大家伙，一般情况下，它们都是没有天敌的。芝麻我有时候想，如果大象与河马打个架，谁会赢呢？这似乎是一个无聊的问题，因为大象生活在陆地上，河马生活在水里，它们的生活基本上没有交集，但偏偏就有“无聊”的摄影师拍下了大象与河马打架的情景。

那次，摄影师为了拍摄河马而来到了河边，因为干旱，河边已经没有水草了，摄影师为了吸引河马上岸，故意在河边撒了一些水草。果然不久，一对河马母子上岸来吃草了，当它们吃得惬意时，不知道从哪里来了一只

公象也来吃草。母河马为了保护小河马，离大象近了一些，被发怒的大象一下子抛到了空中。母河马没有受什么重伤，赶紧带着小河马逃走了。这场精彩的打斗被摄影师在完全没有思想准备的情况下拍下来了。看来，“如果大象与河马打个架谁会赢”这个问题是没有任何悬念的：二者相遇，大象永远是胜利者。

现在，就让芝麻我带大家看一看二者的力量对比。因为河马主要分布在非洲，我们就不谈亚洲象了。非洲象的肩高为 3 ~ 4 米，体重在 3000 ~ 8000 千克；河马的体长虽有 3.4 米，但肩高只有 1.5 米，平均体重仅 1500 千克。你看，尽管河马也是个大家伙，但在大象面前还是小了差不多一半，难怪河马不是大象的对手呢。

但如果是到了水里，情况会不会有变化呢？其实大象的游泳技术也是相当不错的，河马呢？严格地说，河马根本不会游泳，它只会在河里走，只是河马毕竟生活在水里，对河里的环境还是比大象熟悉。因此，如果它们在水里相遇，河马虽然还是不能战胜大象，但大象也拿河马没什么办法了。

总的来讲，芝麻我认为，大象还是比河马厉害多了。

芝麻告诉你

在自然界里，动物之间的争斗是时有发生的，既有同种动物之间的争斗，也有不同种动物之间的争斗。通常，发生争斗的原因不外乎以下几种：① 争夺地盘；② 争夺食物；③ 争夺配偶；④ 保护幼崽。这是主要的原因，当然还有诸如争强好胜、不期而遇等原因。动物之间的争斗是必然的，无需大惊小怪哦。

现在，我要考考你们：如果让大象和河马比一比寿命，你知道谁活得时间更长一些吗?

A. 大象活得更长　　B. 河马活得更长

C. 一样长　　D. 无从知道

犀牛为什么会濒临灭绝?

如果我们把现在生活在陆地上的动物由大到小排个名次，那么犀牛毫无争议地会被排在第二位，它们的平均个头和体重都仅次于大象。芝麻我觉得，远观犀牛，可谓威风凛凛，最引人注目的莫过于它们的武器犀牛角和盔甲犀牛皮了。凭借着超大的个头和尖矛厚甲，犀牛在自然界没有任何天敌，它们本可以过着逍遥自在的生活，但遗憾的是，由于人类对它们的捕杀，目前它们已经濒临灭绝了。

人类为什么要捕杀犀牛呢？原来，这是因为犀牛角和犀牛皮都有极高的经济价值，为了金钱，许多人疯狂地猎杀犀牛。

犀牛角有多种用途，在中国、韩国和一些东亚国家，犀牛角被制成传统药材。阿拉伯国家把犀牛角看作社会级别的象征，在也门和阿曼，犀牛角被用来制作仪式上使用的匕首手柄。犀牛皮也有很高的经济价值，犀牛皮非常厚，比大象和河马的皮还要厚，达到了2～5厘米，在古代常被用来制作士兵的盔甲。犀牛的血和肉也可入药。对犀牛角、犀牛皮的需求使得犀牛的数量锐减，而犀牛数量的锐减又造成犀牛角、犀牛皮价格的飞涨，犀牛角、犀牛皮价格的飞涨更加刺激了盗猎行为。

就是这个恶性循环把犀牛推向了灭绝的边缘。据统计，现代犀牛一共有 17 个亚种，其中有 4 个亚种由于人类过度捕杀已分别于 20 世纪中期至 21 世纪初灭绝了，其余的 13 个亚种也都处于濒危或极危状态。

所以，芝麻我觉得，我们要拒绝买任何犀牛角、犀牛皮制品，这样盗猎分子就失去了市场，也就不会再盗猎犀牛了，即“没有买卖就没有杀害”！

芝麻告诉你

犀牛的眼睛很小而且近视，但却有犀利的听觉和嗅觉。它们可以利用声音来交流。它们用鼻子哼，也会咆哮、怒号，打架时还会发出呼噜声和尖叫声。公犀牛和母犀牛在求偶时都会吹口哨。

想不到犀牛这样粗笨的大家伙，在谈情说爱时居然还会吹口哨，真是够浪漫的。

现在，我要考考你们：繁殖率低也是犀牛濒临灭绝的原因之一。犀牛每次只生一胎，你知道它们多长时间繁殖一次吗？

A. 1 ~ 2 年　B. 4 ~ 5 年　C. 7 ~ 8 年　D. 9 ~ 10 年

鹿豚为什么脸上长牙齿？

大千世界，无奇不有。如果芝麻我说有一种动物你根本就没见过，你信不信？不信？那我就把它的照片拿出来让你猜猜吧！

这种外表很像猪，可是脸上却长着奇怪牙齿的家伙叫作鹿豚。根据芝麻我的查证，“豚”在中国古代汉语里有“猪”的意思。这家伙长得确实很像野猪，可是为什么叫鹿豚呢？难道这种动物和鹿还沾亲带故？

其实，作为生活在印度尼西亚的传奇动物，鹿豚被当地人发现的时候着实把大家吓了一跳，这么丑的动物很像是鹿和猪的后代，于是当地人就把它叫作猪鹿。久而久之，这个名字也就流传了下来。在中文里，动物学家为它起了一个更好听的名字——鹿豚。

鹿豚的獠牙太特别了，看上一眼绝对忘不了。不过也只有公鹿豚才会长这样奇怪的獠牙。公鹿豚长有 4 颗长牙，它的下獠牙和野猪差不多，突出唇外，挡在眼睛的前方；上獠牙就更特别了，它是从口腔中向上长的，并从上颚骨和脸部穿出来，在眼睛的斜前方弯曲向后。芝麻我不禁有点好奇，鹿豚长这样的獠牙是为了什

么呢？长牙的时候它们会不会很疼呢？不过对于鹿豚来说，这可是它们值得炫耀的防身武器，毕竟和其他动物相比，连脸上都长着尖刀一样的牙齿简直太可怕了。为了战斗，鹿豚还经常在树上磨尖它们的牙齿，在发生冲突的时候，它们就可以用尖牙攻击对手了。

鹿豚外形像野猪，腿却比一般的野猪长，所以人们误以为它是鹿和猪的后代，实际上，鹿豚跟鹿和猪都没有关系。动物学家通过研究鹿豚的基因发现，它与河马竟然有很近的亲缘关系。看来，鹿豚真是善于用长相伪装自己啊！

鹿豚不是只有一种，根据基因和生态上的不同，鹿豚分为汤加鹿豚、苏拉威西鹿豚和金毛鹿豚，它们各自生活在不同的岛屿上。苏拉威西鹿豚仅分布于苏拉威西岛，汤加鹿豚仅分布于汤加岛，金毛鹿豚仅分布于布鲁和苏拉岛。

芝麻大问号?

作为印度尼西亚独有的物种，鹿豚一直都是印度尼西亚当地土著人饭桌上的美餐。但是随着大面积的森林遭到破坏，猎人们深入到了千百年来人迹罕至的密林深处捕杀鹿豚，使这种外貌奇特的动物日渐稀少。

天哪，鹿豚已经属于濒危动物了。芝麻我不得不说，保护鹿豚，迫在眉睫！

芝麻告诉你

鹿豚最喜欢吃各种各样的植物，无论是树叶、果实还是树根，它都会吃得津津有味。在众多的食物中，有一种叫作马来亚大风子的特殊植物尤其得到鹿豚的钟爱。为了找到这种食物，鹿豚恨不得用灵敏的鼻子掘地三尺。令人称奇的是，这种又叫足球果的马来亚大风子里面含有大量氢氰酸毒素，但是鹿豚吃了却什么事都没有。专家们把这归功于鹿豚喜欢在富含矿物质的泥浆中洗澡的缘故，或许就是这个习惯让鹿豚把有毒植物当美味吧。

现在，我要考考你们：鹿豚是群居动物，一般由 8 ~ 15 只鹿豚组成一群，你知道，首领是由哪类鹿豚担任吗?

A. 成年雄鹿豚　B. 成年雌鹿豚　C. 小鹿豚　D. 无首领

披着铠甲的犰狳会不会在水里沉下去淹死？

犰狳是一种小型哺乳动物，和食蚁兽、树獭有近亲关系。它们虽然体型不大，但芝麻我估计，谁第一次见到它们都会被吓一大跳，因为它们身披铠甲，显得很威风。

这身铠甲的确是犰狳御敌的主要武器，当它们遇到敌害而又来不及躲避时，会像刺猬一样把身体蜷缩成一团，把铠甲露在外面。它们的铠甲由许多小骨片组成，

每个骨片上长着一层角质物质，异常坚硬。敌人面对这坚硬的铠甲往往会无从下嘴，最后只能悻悻地离开。

犰狳身披沉重的铠甲，在水里会不会下沉呢？事实上，犰狳遇水的机会很少，它们是地栖的夜行性动物，昼伏夜出，以吃甲虫、蠕虫、白蚁、黑蚁、蝗虫、小蜥蜴、鸟蛋、坚果和蛇类等为生。更有趣的是，犰狳特喜欢吃腐烂的动物尸体，在草原上哪里有死牛、死马及其他动物腐烂的尸体，哪里就有犰狳在打洞，它们可以轻而易举地获得这些食物。

犰狳虽然是地栖动物，但它们往往会选择一处浅塘或泥坑用来浴身。而且它们在外出爬行觅食的时候，也常会遇到小溪或者水塘。它们虽然身披铠甲，但却不怕水。如果河面较窄，犰狳就会憋一口气，潜进水中，从河底爬向对岸。如果河面较宽，它们就吸入空气，让身体胀满，然后浮在水上游过去。

据说，犰狳肉的味道十分鲜美，烤犰狳肉要比烤猪肉还好吃，它们也因此成为人们捕猎的对象。所以，犰狳目前也成为被保护的珍稀动物了。

芝麻告诉你

犰狳有一对坚硬的善于打洞的前爪，它们打洞的速度非常快。当遇到敌害时，它们的第一反应是逃跑；如果跑不掉，就会立即打洞躲避；如果连打洞的时间也没有，它们才会蜷成一团，用身披的铠甲保护自己。据说，犰狳用一两分钟就可以打一个洞。有一个著名的例子可以说明犰狳打洞的速度：当你骑马看到一个犰狳，下马去看的时候，犰狳已经把自己藏到刚刚打的洞里了。

现在，我要考考你们：2014 年巴西世界杯的吉祥物叫“弗莱古”，你知道它的原型是什么吗?

A. 穿山甲　B. 鳄鱼　C. 食人鱼　D. 犰狳

蝎子拉屎“毒”一份，有科学依据吗？

芝麻我对蝎子这种动物还是颇为忌惮的，因为小时候我曾经被蝎子蜇到过，那种疼痛在我幼小的心灵里留下了极深的印象。所以，饭店里的炸全蝎我是从来都不敢碰的，因为我觉得蝎子浑身都是毒。有句老北京话叫“蝎子拉屎——独（毒）一份”，这是真的吗？蝎子的粪便真的有毒吗？

芝麻我为此翻阅了大量书籍，也做了一些试验，试图证明蝎子的粪便有毒，但我没找到丝毫的依据。蝎子是一种非常古老的动物，它最早出现在约四亿三千万年前的志留纪，那时候还没有我们人类的踪迹呢。

世界上所有的蝎子都有毒，但只有极少数蝎子的毒素可以致人死命。蝎子的尾巴由六节组成，毒素就在这六节尾巴里。其尾巴的末端是一个尖尖的毒针，平时毒针被蜷起来，一旦遇到敌害或者猎物，蝎子就会把毒针高高地扬起来，对敌人或猎物发起进攻。蝎子总是把毒针刺入对方体内，同时注射毒素。一般蝎子的毒素都可

以杀死昆虫，但对我们人类而言，只是感到疼痛而已，并不能致命。但有一种巴勒斯坦毒蝎，却是最毒的动物之一，它们位列最毒的动物第五把交椅。人一旦被它刺中，就会极度疼痛、抽搐、瘫痪，甚至心跳停止或呼吸衰竭，真是太危险了！

现在让我们回到最初的问题，芝麻我肯定，蝎子的粪便是没有毒的。而且，蝎子除了毒腺有毒以外，其他地方也没有毒，不仅没有毒，蝎子还浑身是宝呢。除了炸全蝎是餐桌上的一道美食外，蝎子几乎全身都可入药，也正是因为这个原因，人们大肆捕捉野生蝎子，造成野生蝎子的数量迅速减少。蝗虫因此便猖獗起来，因为一只野生蝎子一年可捕杀蝗虫等有害昆虫一万多只。为了保持生态平衡，就让我们放蝎子一马，让它们自由自在地在大自然中生活吧。

芝麻告诉你

蝎子没有耳朵，因此它们都是聋子。那么，蝎子是靠什么来感受外面的世界呢？蝎子是依靠体表的感觉毛来感受外部世界的。据说，蝎子的感觉毛非常灵敏，就连一米以内蝗虫的微小动作也逃不过蝎子的感觉，即使是微小的气流流动，蝎子也能感觉到。

现在，我要考考你们：你知道，蝎子的寿命大约为多少年吗？

A.1 年　　B.2 年　　C.8 年　　D.15 年

身边的大问号

生活中我们怎样防静电？

人眼识别系统是怎样识别身份的？

人为什么有两个鼻孔？

生活中我们怎样防静电？

在寒冷、干燥的冬天，芝麻我每天都被静电搞得很狼狈。晚上脱衣服睡觉时，黑暗中常听到“噼啪”的声响，而且伴有蓝光；与人见面握手时，手指刚一接触到对方，就会感到指尖针刺般刺痛；早上起床梳头时，头发常会“飘”起来，而且越理越乱；有时拉门把手、开水龙头都会“触电”，甚至发出“啪、啪”的声响。这都让我有点神经质了。

其实，芝麻我这种反应还是蛮正常的，因为静电不仅让人心烦意乱，对健康也有一定危害。别以为静电仅仅是让人难受一下，它的坏处可不止如此呢。曾有医学专家指出，皮肤静电干扰可以改变人体体表的正常电位差，影响心肌正常的电生理过程。这种静电能使病人病情加重，持久的静电还会使血液的碱性升高，导致皮肤瘙痒、色素沉着，影响人的机体生理平衡，干扰人的情绪，等等。

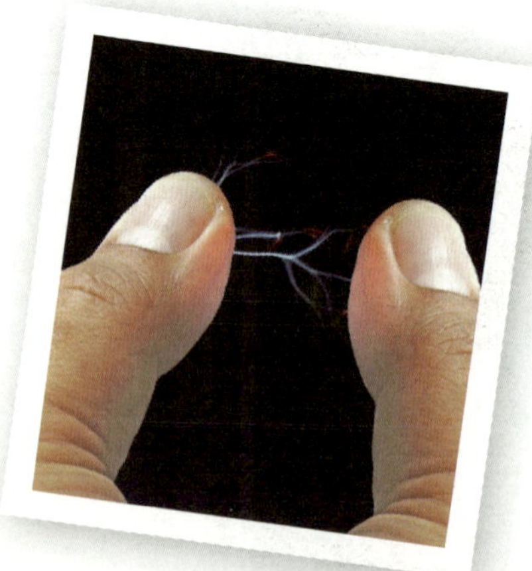

喜欢玩电脑和 iPad 的同学注意了，电脑和 iPad 屏幕所产生的静电会吸引大量悬浮的灰尘，刺激我们面部的皮肤，使我们的皮肤容易产生红斑或色素沉淀。

那么，我们有没有办法在日常生活中预防静电呢？办法还是有的，尽管不可能完全消除静电，但却可以大大减少静电发生的概率。下面，芝麻我就来给你们介绍一些有效预防静电的妙招。

1. 卧室内尽量不放或少放家用电器，避免人体与电器在近距离产生电场而碰触起静电，看电视最好距离电视机 2 ~ 3 米。

2. 用小金属器件（如钥匙）、棉抹布等先碰触一下可能会引起静电的物品，例如大门、门把手、水龙头、椅背、床栏等，再用手触及就不会产生静电了。

3. 尽量选择由棉、麻、丝等天然纺织物做成的内衣、床单、被罩等，尽量不要使用或穿着化纤质地的家纺用品或服装。

4. 梳头时使用木梳，洗发时使用润发露，都能消除静电。

5. 保持室内湿度、摆放花草等也可避免产生静电。

6. 多吃蔬菜、水果、酸奶，多喝水，同时补充钙质和维生素 C，都可以减轻静电对我们身体的影响。

芝麻告诉你

目前，人们发明了一种防静电金属布，用这种布做的服装（如职业装、工装、防护服）越来越多。甚至，有些国家已经将这种防静电布用于家纺用品领域。

现在，我要考考你们：静电放电会造成一些危害，你知道下面哪种危害不是静电放电造成的吗？

A. 造成电磁干扰，引起电子设备的故障或误动作

B. 击穿集成电路和精密的电子元件，降低成品率或者加速元件老化

C. 在有易燃易爆品、粉尘、油雾的生产场所极易引起爆炸和火灾

D. 静电放电会引起人头疼

人眼识别系统是怎样识别身份的？

看过电影《007》的同学们大概都能记得这样一个情节，特工007在进入一个大厦时，将眼睛放到一台机器前，机器对眼睛进行扫描并确认后，007才能顺利进入大厦。这就是所谓的人眼识别系统啦！芝麻我上班的单位当然还不需要这样的保密级别，最多只需要通过指纹打卡来记考勤。但人眼识别系统的确很有意思，人的眼球看起来都很相似，那机器是怎么通过人的眼睛来识别人的身份的呢？看来芝麻我又得研究一番了。

人眼识别系统，其实又叫"虹膜识别"，也就是"虹膜识别技术"，与指纹识别一样，是人体生物识别技术的一种。人的眼睛是以瞳孔为中心的，而虹膜则位于眼球的巩膜和瞳孔之间，它包含了人的最丰富的纹理信息。为什么用它来识别不同的人要比指纹更准

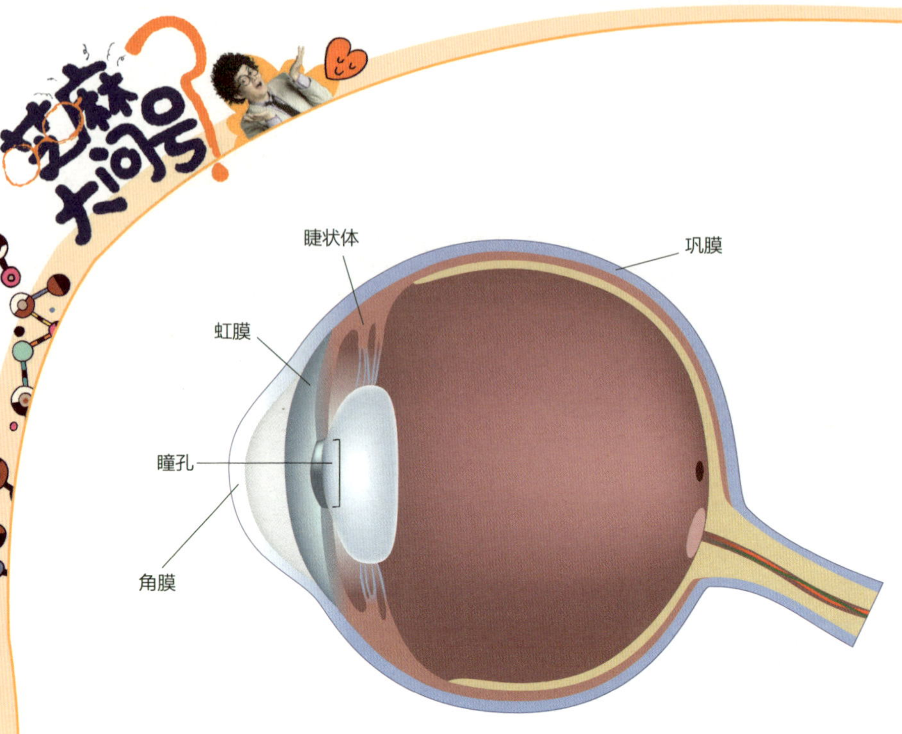

确呢？因为虹膜的形成由遗传基因所决定，人体基因表达决定了虹膜的形态、颜色等外观特征和生理特性。幼儿发育到八个月左右的时候，虹膜就基本上发育到了足够尺寸，进入了相对稳定的时期，据说它的形貌可以保持数十年不变化呢！另一方面，要改变虹膜外观，需要非常精细的外科手术，而指纹在这方面就没法比了。由于虹膜的高度独特性、稳定性及不可更改的特点，所以它可作为身份鉴别的基础。而人眼识别系统就是根据虹膜的这个特点而设计的。

一个自动虹膜识别系统包含了硬件和软件两大模块，也就是虹膜图像获取装置和虹膜识别算法。机器对一个人的虹膜的定位可在 1 秒钟之内完成，产生虹膜代码的时间也仅需 1 秒钟的时间，数据库的检索时间也相当快。在包括指纹在内的所有生物识别技术中，虹膜识别是当前应用最为方便和精确的一种，它被认为是二十一世纪最具有发展前途的生物识别与认证技术。

芝麻告诉你

虹膜是位于黑色瞳孔和白色巩膜之间的织物状各色环状物，每一个虹膜都包含一个独一无二的基于像冠、水晶体、细丝、斑点、凹点、射线、皱纹和条纹等特征的结构，这些特征可唯一地标识一个人的身份。科学家们研究发现，任何两个虹膜都是不一样的。

现在，我要考考你们：为什么说“任何两个虹膜都是不一样的”？

A. 因为人眼是由巩膜、虹膜与瞳孔构成的，其中虹膜最独特

B. 每一个人的虹膜都和自己的指纹一样，不可更改

C. 每一个人的虹膜都包含一个能够标识其身份独一无二特征的结构

D. 虹膜是一层薄膜，每个人的虹膜厚度都不相同

我们总听说，科学就在我们身边。可是很多人会说，我怎么没看见呢？其实，对于科学知识，我们要善于发现。芝麻我要告诉你的是，科学其实离我们很近，它就在你的身上！我们的五官当中其实就蕴含着很多科学奥秘。想想，我们有两只眼睛、两只耳朵、一个嘴巴，等等，为什么我们长着一个鼻子，可是却有两个鼻孔呢？这当然就是一个非常棒的科学问题啦！

我们来重新认识一下鼻孔，鼻孔是鼻腔和外面相通的道路。在鼻孔内有一层又薄又嫩的黏膜并长有黑毛，能够阻挡空气里的灰尘和杂质，把空气带入到肺部器官，完成呼吸过程。

而要想解答为什么我们要有两个鼻孔的问题，我们最好先来做一个实验：请你先堵住一个鼻孔，只留下另一个鼻孔透气。这时，你还能呼吸吗？你还能闻到气味吗？实验过后你的答案应该是——当然可以！你可能还会说："芝麻，你逗我玩儿吧？"其实这就是我的问题，也是科学的问题。既然一个鼻孔就能呼吸，我们干吗这么浪费，非得长两个鼻孔啊？哈哈，答案很简单，你的

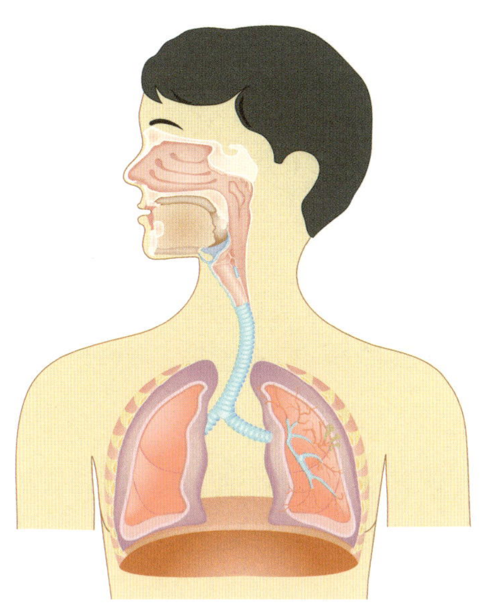

实验时间还不够长！如果我们把实验的时间增加到3个小时，你就会发现，如果我们只有一个鼻孔透气，你会感到非常不方便。首先，如果只有一个鼻孔，吸入空气的时候，气流就会变成乱流，不能顺顺当当地进入肺里。其次，吸入空气的时候必须花费很大的能量，呼吸本身就变成了相当耗费体力的一件事。最后，如果只有一个鼻孔，人就不能很好分辨各种气味，嗅觉就会减弱许多。

不仅如此，专家认为两个鼻孔还能使呼吸运动更有效，进而促进整个机体的新陈代谢。即使是在睡觉的时候，它也能起到十分重要的作用。我们在睡眠中鼻孔的工作状态和我们醒着的时候是不一样的，因为你总是躺着睡觉的，在8小时以上的睡眠中，如果保持一种睡姿不变，由于身体的重力与站姿时发生了变化，一侧的鼻孔通常会闭塞。而同样由于睡眠中人对氧气的需求量减少了，即使一个鼻孔暂时不通，只用另一个鼻孔呼吸，也不会造成呼吸不畅。因此，我们用两个鼻孔透气可以睡得更放松，即使一个鼻孔暂时不通，我们也能够轻松应对。

还有一个非常重要的原因，就是能够保证我们的身体健康而高效地工作。请仔细想一想，鼻子吸进去的气体去哪儿啦？当然是肺。你有几个肺呀，当然是两个啦！每一侧肺脏都是由其同侧相应的鼻孔控制的。假如左侧的鼻孔一时闭塞，左肺就不得不与右肺竞争，依靠右鼻孔的帮助进行气体交换。所以，如果左鼻孔堵塞无法通气，作为人体呼吸系统鼻反射的一种精准保护机制，呼吸过程就会完全转移到右鼻孔。同时，我们吸入体内的氧气可不是直接被人体吸收的，而是通过血液循环进入到我们的大脑、肢体当中，供给我们身体必需的能量，而这个从气到血的转变过程，当然离不开肺的巨大作用。想一想，为了更加快速、高效地进行血液循环，当然有两个肺会更好，相应的，我们也绝对需要两个鼻孔来支撑这个非常重要的使命了。由此看来，两个鼻孔，缺一不可！

其实还有这样一种观点，认为鼻孔最初不是用来呼吸的，它只具有嗅觉功能。而且直至现在，鱼类的鼻孔仍然是进出水的通道，不能用作呼吸，而人的鼻孔相比之下复杂多了，它既是嗅觉器官，也是呼吸器官，在人的正常生理活动中起着非常重要的作用。通过芝麻我的分析，你现在是不是发现了自己身上的科学了呢？那我们是不是也可以发散思维一下，头脑风暴一次，再想一想，我们为什么不长三个鼻孔呢？对科学感兴趣的你，会不会自己去找答案呢？芝麻我在这里给你加油哦！

芝麻告诉你

相信吗？两个鼻孔会时不时地“打架”。鼻子是呼吸通道，同时也是嗅觉器官。鼻腔里面含有一千万个嗅细胞，用来检测空气中的气味分子，通过嗅球中的神经纤维传递给大脑，从而产生嗅觉。科学家研究发现，当人的两个鼻孔同时闻到两种不同气味的时候，大脑会分别处理来自这两个鼻孔的感觉信息，这就是为什么人类一会儿闻到香味，一会儿闻到臭味或者其他气味。可以瞬间转换嗅觉的原因是：两个鼻孔在不断竞争，从而使大脑产生不同的嗅觉感受。

现在，我要考考你们：很多种动物的鼻孔都是用来呼吸的，下列哪种动物的鼻孔不是用来呼吸的呢？

A. 马　　B. 狗　　C. 羊　　D. 鱼

U盘之后，人们用什么来存储文件？

芝麻我由于工作需要，常常要随身携带一个小巧便捷的U盘，将U盘插入电脑特定的插口内，就可以把要备份的文件从电脑中复制到U盘里，这可要比带着厚厚的纸质文件到处走方便多了。有一次我的爸爸正在用U盘复制文件的时候，突发奇想地问了我一个问题："芝麻，大家都说你喜欢探究科学问题，那么你说说看，未来科技继续发展下去，又将会有什么东西能替代U盘来存储文件呢？"

我一听就笑了。为什么呢？因为这个问题也是我正在关注的事情。我是谁呀？我是芝麻呀！我对父亲讲起了自己所了解到的知识。

据我所知，人类最开始发明的移动存储介质是软盘，但由于容量较小且容易损坏，已经慢慢退出了历史的舞台；随后出现

的光盘，好是好，但由于很薄、较脆又较大，在携带方便性上还不如软盘呢，并不适合作为移动办公设备；目前很多人都在使用的U盘，由于其最大特点就是便于携带、存储容量大，因此它是现在大众使用最普遍的移动存储设备。目前使用比较广泛的移动存储设备还有移动硬盘，它的存储空间和体积都要比U盘大许多倍，真可谓是海量存储了。

芝麻我说的这些都是看得见的，还有一类是看不见的存储介质——网络存储介质，即云存储空间。比如，我们耳熟能详的电子邮件就是一种便捷的网络传输方法，但是以前网络对于邮件大小有很多限制，现在好了，许多超大的电子邮件都可以使用云空间来存储啦。大家都知道，现在的电子邮件存储空间普遍已达到了几

千兆（GB），容量真是不小啊！还有网络硬盘，电脑网络用户可以通过上网登录网站的方式来上传、下载文件，真是方便。最新的所谓“云盘”，更可达到 10 个 TB 呢。不过，这些网络存储介质虽然方便，它们的安全保密性却实在是让人有些担心。

以目前的情况来看，芝麻我觉得最便捷可靠的还是 U 盘。当然，它也存在着一些问题，如复制文件时，难免会带进一些电脑病毒之类的东西；再比如有时会读不出数据，不小心弄丢了，等等。而网络存储则在这方面可靠多了。

但是，不管怎样，U 盘仍是现在人们最爱使用的存储设备，我猜测，将来它的存储空间会不断增大，价格也会不断下降哟，而且不会被轻易替代。同时，随着网络的普及，网络存储在未来的几年里也会得到长足的发展，到时候我们去哪里都不用带U盘了，只需打开电脑登录网络，就可以实现调取和存储了。

芝麻告诉你

U盘，全称USB闪存驱动器，英文名是“USB flash disk”。它是一种使用USB接口的、无需物理驱动器的微型高容量移动存储产品，通过USB接口与电脑连接，实现即插即用。U盘的称呼最早来源于朗科科技生产的一种新型存储设备，名曰“优盘”，使用USB接口进行连接。后来，U盘这个称呼因其简单易记而广为人知，U盘是目前使用最普遍的移动存储设备之一。

现在，我要考考你们：人们喜爱用“U盘”来存储电子资料，原因是什么？

A. 因为“U盘”这个名字很好听，容易记住
B. 因为“U盘”很小，携带方便
C. 因为“U盘”便于携带、存储容量大、价格便宜、性能可靠
D. 因为只有“U盘”能连接电脑的USB接口

植物通关密语

猴面包树的肚子里有什么？

铁树开花真的需要一千年吗？

真的有产大米的树吗？

猴面包树的肚子里有什么？

有个同学曾经问芝麻我吃没吃过猴面包树的果实，虽然我一年到头都在世界各地探险和旅游，面包也是我最爱的食物，但是猴面包树的果实我还真的没有吃过。如果你得到一个，别忘了寄给我哦。

好在芝麻我最近正在研究各种植物，大名鼎鼎的猴面包树当然是我研究的重点之一。说到猴面包树名字的由来，我想一定是猴面包树长得像猴子。嘿嘿，其实我是在开玩笑啦！实际上，猴面包树的果实松松软软、香甜可口，是许多猴子和狒狒所钟爱的食物，当地人因此给它取了这么一个有趣可爱的名字。

在沙漠中生长的猴面包树有十多米高，它的长相奇特，与其说它是树，不如说它是光秃秃的树干。因为猴面包树的顶端通常树冠很小，叶子也不多，同它的高大树干比起来显得光秃

秃的。这当然是它在沙漠中生存自我保护的有效手段，树叶多了自然容易散发水分，而水分对于树来讲简直太重要了。猴面包树的树干像是一个大大的酒瓶，又像是一个挺着大肚子的壮汉。它的肚子里究竟有什么东西呢？是不是有很多优质的木材？还是隐藏着阿里巴巴的宝藏？有一个词可以用来形容猴面包树的树干——外强中干。里面松松软软，结构松散，绝对谈不上是优质的木材。但是说是宝藏却一点也不为过，因为恰恰是这种结构最能吸收水分。是的！在猴面包树酒瓶一样的大肚子里，是沙漠中的旅行者最需要的东西——水。在热带草原上，每当雨季来临，猴面包树利用自身的吸水特点贮存水，这样做的目的只有一个，那就是对付随后到来的炎热旱季。想一想，当你在旅行中遇到旱季的水荒时，你是不是希望远远的天边出现救命的猴面包树呢？

事实也是如此，猴面包树被誉为生命之树，正是由于在干旱季节依靠它的水源解救了很多人。一棵猴面包树能存几千千克的水，简直是沙漠中的“存水宝塔”，从这个意义上说，它可是生活在沙漠中的人们的希望之树。不仅如此，猴面包树浑身都是宝。它的叶子可以当菜吃，果实香甜可口，含有丰富的维生素C，被称为超级水果。芝麻我真想马上吃到这么好吃的东西。猴面包树的叶片和树皮药用价值很大，可以清热、退烧、治疗疟疾。医学研究人员通过研究得出了一个惊人的结论，非洲人不患胃癌的原因竟然是因为常吃猴面包树的果实！

在非洲的一些部落中，那些受人尊敬的诗人、音乐家和艺术家死后都会被葬在猴面包树的树洞里面。这种做法到底是为什么呢？因为猴面包树是长寿之树，部落

中的人一定希望他们的逝者能够享受永远的安宁和幸福；猴面包树有取之不尽的水源，部落中的人一定希望那些水也能够满足逝者的愿望，我想这大概就是人们称它为生命之树的真正含义吧。

芝麻告诉你

在马达加斯加岛上，有一种最美的猴面包树。它是以法国探险家阿尔佛雷德·格兰迪迪尔的名字命名的。这种树长得玉树临风，笔直高大，有30米高。因此，在当地的各类猴面包树中，它成为了摄影师和艺术家的宠儿，上镜率最高。现在，这种濒危树种已成为马达加斯加的标志物之一。

现在，我要考考你们：猴面包树的药用价值得到了科学家的肯定，连美容专家都受到启发而发明了一种美容产品。你猜猜是什么呢？

A. 营养面膜　　B. 防晒霜　　C. 纤体霜　　D. 彩色唇膏

榕树的气根是怎么回事呢？

如果我问你："你听说过榕树吗？"我估计好多同学都会说："我家里有个盆景就是榕树。"你说的对。但真正生长在大自然里的榕树和那些榕树盆景相比，可是太不一样了。

大自然里的榕树可不像家里养的盆景那样小，我们用巨大来形容一点也不为过，"独木成林"就是形容榕树的。芝麻我记得上学的时候学过一篇课文，叫《鸟的天堂》，是著名作家巴金写的。文章里详细叙述了作者第一次看到榕树时的惊奇和赞美。榕树真的那么神奇吗？为什么它能独木成林呢？

榕树的树枝上有很多向下垂下来的枝条，像一条条绳子，这就是榕树所特有的"气根"。

这些暴露在空气中的根和土壤中的根并不相同，它们好像是一簇簇篱笆护卫着榕树。这些根的功能也不相同，有支柱根、攀缘根、呼吸根和寄生根。和其他植物不同的是，榕树之所以能长出气根是和它的结构有很大关系的。在榕树的枝条上有很多特殊的气孔，这些气根就是从这里生长出来的，而且最有趣的是这些气根不长叶子，也不会再分叉，一旦长出来它们就会扎根在土里并不断增粗形成支柱根。有了这些强有力的气根做支撑，一棵老榕树就会枝繁叶茂，往往能有多达上千条的支柱根。

有的同学一定还会有疑问，榕树长气根到底有什么用，是不是多此一举？要知道每个东西都有它存在的价值，这气根也不例外。榕树多生长在高温多雨、空气湿度大的热带雨林环境中，热带雨林气候又湿又热，在这种天气中人们会觉得闷热，喘不上气来，榕树也会有这样的感觉。在自然界，物竞天择，适者生存，于是榕树便有了气根。现在你该明白了，气根如它的名字一样，有呼吸功能。事实上，气根不仅具有呼吸功能，还可以吸收空气中的水分。

如此说来，气根可以说是榕树生存的必需品。但不知道大家是否晓得榕树还是著名的长寿树，它的寿命是可以用千年来计量的，而它“长寿”的原因与它生有气根有很大关系。“千年古榕”长得很粗、很高大，巨大的树冠就是由无数气根组成的“支架”支撑着的。

最后芝麻我跟大家说说榕树气根盆景，这是人们研究出的观赏榕树的方式。如果同学们好奇的话，可以去买一个这样的盆景，更加深入地观察榕树的气根。

芝麻告诉你

在中缅边境的打洛镇，有一棵 900 多年树龄的古榕树。这棵古树之所以有名是因为它的名字叫作独树成林。这棵树有 70 米高，占地 120 平方米，奇怪的是在它的周围并没有其他树木。而它的 32 根立于地面的巨大气根就成为了支撑整棵榕树的支柱。远远望去，还真的是一片树林呢！

现在，我要考考你们：有一种孟加拉榕树，它的树冠极大，你知道这种榕树的覆盖面积有多大吗？

A. 约 5 千平方米　　B. 约 1 万平方米

C. 约 1.5 万平方米　　D. 约 2 万平方米

水杉为什么被称为植物界的“活化石”？

芝麻我先跟大家讲一段跟植物有关的历史：20 世纪 40 年代，我国植物学家在四川万县磨刀溪路旁发现了三棵从未见到过的奇异树木，其中最大的一棵树高达 33 米，树围达 2 米。当时谁也不认识它，后经植物分类学家和树木学家共同研究确认，这就是早已被地质学家和古植物学家在化石中认知的古植物——水杉。这个发现被载入了史册。为什么呢？芝麻我告诉你，因为这个发现是 20 世纪植物界的“伟大发现”，水杉也被称为了植物界的“活化石”。想必大家很好奇，水杉为什么被称为“活化石”呢？

芝麻我可以很确定地告诉大家，早在 1 亿多年前的中生代白垩纪，水杉类植物就已经出现在地球的北半球了，但是到了 200 多万年前的第四纪冰期以后，这类植物几乎全部都绝迹了，只有在中国发现的这种水杉生存至今。在欧洲、北美和东亚等地区，科学家们在中生代白垩纪的地层中均发现过水杉的化石。值得庆幸的是，

20 世纪 40 年代，科学家们在我国发现了少量水杉，使这个古老的物种又重新出现在人们的视野中，现在人们不仅能从化石中了解它们，还可以在大自然中亲眼看到它们。那么，为什么我国能成为水杉的幸存地呢？那是因为我国川、鄂、湘边界地带地形走向复杂，受冰川影响小，使水杉得以幸存。它们在漫长的岁月变迁中，不仅生存下来，并且没有发生太大变化。所以，水杉堪称植物界的“活化石”。

另外，芝麻我还要告诉大家，水杉被第一批列入了中国国家一级保护植物，对于我们人类来说，将水杉称为旷世珍品一点都不为过。可喜的是，水杉生命力很强，生长迅速，有广泛的适应性，目前已有几十个国家先后从我国引种栽培，水杉的身影几乎已经遍及全球了。芝麻我工作的地方靠近北京玉渊潭公园，公园里有一大片水杉林，看着那笔直向上的树干，真像一个个玉树临风的美男子。美哉，水杉！

芝麻告诉你

“活化石”这个词是达尔文最先使用的，用来形容曾被认为距今1亿多年前已灭绝的银杏。通俗地讲，活化石就是指与某种生物同时代的其他生物都已经灭绝很久了，它们只存在化石中，而这种生物还仍然活着，那么这种生物就被称为活化石。哈哈，想成为活化石，还真不容易啊！那么，什么样的生物才能被称为“活化石”呢？芝麻我告诉你，被称为“活化石”的生物要满足如下4个条件：一是在解剖上真正与某一古老物种极相似，但并不一定是完全相同或就是该物种；二是这一古老物种至少已有1亿年或几千万年的历史，在整个地质历史演变过程中保留着诸多原始特征，而未发生较大的改变，也就是说，它是一种进化缓慢型生物；三是这一类群的现生成员由一个或很少的几个种为代表；四是它们的分布范围极其有限。

现在，我要考考你们：下面这些动物、植物“活化石”中，哪一个不是中国特有的？

A. 大熊猫　B. 中华鲟　C. 鸭嘴兽　D. 香果树

铁树开花真的需要一千年吗？

俗话说："千年铁树开了花。"于是芝麻我不禁要问，铁树多长时间才开花？难道真的需要1000年才能开一次花吗？答案当然是否定的。你想，人类的文明史总共才几千年啊？但这句话至少说明铁树开花是难得一见的。芝麻我曾有幸在北京的一个公园里看到了铁树开花，当时前往观看的人真是人山人海。其实，铁树开花并不是非常好看，人们争相前往观赏，主要是因为铁树开花非常难得一见！那么，为什么铁树开花要很长时间呢？

铁树是一种热带的常绿乔木，喜欢温暖潮湿的气候，要求肥沃、沙质、微酸性、有良好通透性的土壤，而且它不耐寒。铁树生长缓慢，从幼苗至开花需十几年甚至几

十年，花期可以持续七八个月。生长在炎热的热带和亚热带地区的铁树，树龄在十年以上就可以年年开花结果。而在我国北方，铁树开花的确十分罕见，人们感叹“铁树开花水倒流”，说的就是北方环境生长的铁树。我想“千年铁树开了花”的说法一定是北方人发明的，并且一定是在北方最先流传的。

经过芝麻我的介绍，你清楚了吧！我国北方难见铁树开花，但在南方见到铁树开花并不难。四川省攀枝花市有一大片天然的铁树林，至少有10万株以上。这里的铁树生长良好，雄铁树每年都开花，雌铁树一两年也要开一次花。每年3～6月，铁树花蕾争奇斗艳，当地年年举办“苏铁观赏节”。我想南方人一定奇怪为什么会有“千年的铁树开了花”的说法。

芝麻告诉你

既然人们对铁树的花最感兴趣，在这里芝麻我想说说铁树的花。铁树是雌雄异株的，所以开的花也分雌花和雄花。需要说明的是，铁树属于“裸子植物”，只有根、茎、叶和种子，它的花也不是真正意义上的“花”，例如，它的花没有花萼、花瓣等，所以铁树的花实际上是它的种子球。而且铁树的雌花和雄花是迥然不同的，雌花就像一个大菜花，近似圆形，由许多鹿角状的分支组成；雄花是纺锤形，就像一个剥了皮的大玉米。说实话，铁树的花实在称不上艳丽婀娜。

现在，我要考考你们：人们说起铁树总是用“千年”来修饰，“千年铁树开了花”，你知道铁树到底能活多少年吗？

A.1000年　　B.1500年　　C.100年　　D.200年

夏天的时候，绿色的植物爬满整个墙壁，那一片天空似乎都变得清爽了，夏日好像忽地静了下来……芝麻我很文艺的，我喜欢夏天的时候看见爬山虎，喜欢坐在空地上看着爬山虎发呆，细细数着怎么也数不完的藤条，感受呼吸之间生命的律动。爬山虎在夏日的骄阳下伏在墙上，我坐在荫凉里，心里却不停地问：爬山虎，爬山虎，你为什么叫爬山虎？

爬山虎是一种藤本植物，属于葡萄目。人们根据它的外貌和生长姿态给它起了“爬山虎”这个名字。爬山虎虽然是一种植物，但是你可知道它是有“脚”的？爬山虎的“脚”长在茎上，就在它茎上长叶柄的地方，反面伸出枝状的六七根细丝，每根细丝像蜗牛的触角。爬山虎的“脚”触着墙的时

候，六七根细丝的头上就会变成小圆片紧紧贴住墙，怎么也拽不下来。爬山虎借着这些小小的“触角”，支撑起粗细不等的藤条和铺满墙壁的绿叶，一步一步地慢慢往上爬，如同一个正在爬山的人。

那么，你一定又会问，那怎么理解这个“虎”字呢？总不能说它长了老虎似的斑纹吧？对这个“虎”的理解，有很多说法。有人说，之所以叫它爬山虎，是因为它像壁虎一样，紧紧攀住墙面。还有人说，叫它爬山虎，是因为它伸出的细丝受到压力而呈弯曲状，其弓着的样子好像老虎捕食一样。我查了很多资料仍然没有定论，到底哪种解释是正确的，毕竟这是人们从主观感受出发为这种植物命名的。

但是芝麻我可以确定的是，人们是根据爬山虎的“外

貌”为它取的名字。举一反三，我仔细想了想，身边有不少东西都是因为它的外貌形态、功能而得名的。同学们快看看周围，有想到的吗？比如笔袋，装笔的袋子；比如向日葵，每天面朝太阳；比如含羞草，别人一碰它，它便低下头。是不是觉得很神奇呢？我也是这么认为的呢，快去找找更多这样命名的东西吧。

芝麻告诉你

爬山虎属于攀缘植物，非常适合用作垂直绿化。从攀缘方式来讲，可以将攀缘植物分为四大类：① 缠绕类攀缘植物，如紫藤、牵牛花等；② 卷须类攀缘植物，如葡萄、香豌豆等；③ 吸附类攀缘植物，如爬山虎、扶芳藤等；④ 蔓生类攀缘植物，如木香、野蔷薇等。聪明的人们充分利用这些攀缘类植物，美化着自己的环境。

现在，我要考考你们：爬山虎是夏日里常见的一种植物，人们喜欢在房屋周围种植它，因为它有很多优点，那么下列叙述中哪个不是爬山虎的优点呢？

A. 可美化环境　　B. 可食用

C. 可增氧减尘　　D. 可降低室内温度

真的有产大米的树吗？

以前有人对芝麻我说，有一种产大米的树。我真不相信，这不是忽悠我吗？芝麻我虽然没干过农活，也知道大米是水稻产的啊。直到我来到马来半岛，亲眼看到这种产大米的树，才真相信了。

这种能产大米的树叫作西谷椰子树，当地人称它为“米树”。西谷椰子树是常绿乔木，外形很像椰子树，树高一般可达 10 ~ 20 米，它的树干挺直、树皮粗糙，并且在树干的顶部长着羽状的复叶，每个叶子足有 3 ~ 6 米长，通常由一二百片小叶组成。西谷椰子树的寿命不长，一般只有 10 ~ 20 年，而且一生中只开一次花，但开花后几个月内就会枯死。

西谷椰子树主要分布于马来半岛、印度尼西亚群岛和巴布亚新几内亚等地，由于西谷椰子树的树皮内全是淀粉，因此当地人把

它当作重要的经济作物来种植。令人奇怪的是，这种树在开花之前，其树干中贮存的淀粉会达到一生中的最大值，而一旦开花了，这些积存了一生的淀粉竟会在很短时间内消失得无影无踪，米树枯死后，树干中竟然是空空的。因此，为了得到更多的粮食，在米树顶端的花序未抽出之前，当地人就会及时地砍倒树干，把它从中劈成两半，然后将里面饱含淀粉的木质物刮下来，装入木桶内并进行泡洗，等它们沉淀成均匀的小颗粒时，便得到了洁白的“西谷米”。西谷米几乎是纯淀粉，人们用它的粗粉做汤、糕饼和布丁等食品，这些都是太平洋西南地区居民的主要食物。另外，西谷米不怕虫蛀，它还可作为纺织工业的挺硬剂。

说到这里，你相信世界上确实有产大米的树了吧？而且，这种米的味道与传统意义上的大米有很大差别，喝过西米露的同学一定不会感到陌生。

芝麻我要告诉大家，大自然神奇无限，世界上产粮食的树还不少呢。在非洲的马达加斯加生长着一种奇异的“面条树”，它的果实为条形的“须果”，且富含淀粉，长约2米。当地居民将果实割下晒干，食用时放在水里煮软并添加作料，便成为了滋味可口的“面条”。在利比亚有一种“饼子树”，果实呈长圆形，好像一只鞋底，把它剥皮在火上烤熟就能食用，被当地人称为“树上的粮食”。

现在，我要考考你们：大自然带给我们的是言之不尽的惊奇，但也会有很多谬传，你知道下列哪种说法是不对的吗？

A. 有一种“指南树”，它的树干上长满一排排细小的针叶，而且总是指向南极

B. 有一种“汽油树”，它分泌的液汁可直接用作汽车燃料油

C. 有一种“下雨树”，人站在树下，头发就会湿润、眼睛模糊，仿佛被雨淋了

D. 有一种“唱歌树”，它的枝条袅娜，碰击叶片能唱“高山流水”的古曲

榴莲为什么闻起来“臭”吃着香？

有一次，芝麻我去逛超市，在逛到水果区的时候，闻到了一股“臭”味，我捏着鼻子，顺着气味寻去，原来是一种“披着盔甲”的怪果子，标签上写着“榴莲”。看看价格，好贵啊！你一定会觉得奇怪，这么臭的东西居然也能摆在货架上，还卖得这么贵！芝麻我也有这个疑问，于是我买了一块分好的榴莲，打算拿回去尝尝。

回到家，我迫不及待地拿出榴莲吃了一口，这种闻起来臭臭的水果居然很好吃。怎么说呢？榴莲果肉吃起来就像是吃雪糕一样，很香，很糯，感觉入口就会融化在舌尖。从此以后，芝麻我就爱上了榴莲，经常去超市买回来吃。芝麻我相信，一定有很多人也吃过榴莲，也像我一样，觉得榴莲这种水果很香、很好吃，特别爱吃榴莲的人，还会研究榴莲的吃法。芝麻我认为七八分熟的榴

莲最好吃，会感受到榴莲果肉在舌尖回旋，香糯清爽，回味无穷。榴莲吃起来是香的，这毋庸置疑。不过榴莲闻起来确实“臭”，初吃者最好先不闻，捏着鼻子吃，一旦吃起来，就会爱不释口，有好多人吃榴莲上瘾呢。

芝麻我也不喜欢榴莲的气味，那么榴莲为什么闻起来是臭的呢？科学研究证明，榴莲的臭气成分中，含有多种酯类、酮类、烃类和含硫化合物，多种酯类成分构成了榴莲独特浓烈的臭气特征。需要补充一点的是，并不是所有人都认为榴莲是臭的，大家实际认同的是榴莲有刺激性气味。因此，榴莲的气味不能简单称之为“臭”，爱者闻则香，不适者闻则臭罢了。

榴莲长得不好看，闻着有刺激性气味，但吃起来却香甜无比，而且营养价值很高，就连它那长得像小怪兽皮肤的外壳也是很好的药材，有很高的医疗价值。据说用榴莲的外壳熬骨头汤极具营养，连它的果核也被人们视为珍宝。

芝麻告诉你

德国科学家对泰国榴莲的气味进行了研究，结果表明，榴莲独特的气味与 50 种化合物有关，每种化合物的气味可谓千差万别，有水果味、臭鼬味、金属味、橡胶味、烧焦味、烤洋葱味、大蒜味、奶酪味、洋葱味、蜂蜜味，等等，没有哪种化合物能单独散发出类似榴莲的气味，所以那是多种化合物混合到一起散发出的非常强烈的气味。

现在，我要考考你们：榴莲虽闻起来“臭”，但吃起来香，人们为方便食用榴莲，尝试在一些地方栽培榴莲，下面哪一处地点不适合栽培榴莲?

A. 广东　　B. 海南　　C. 贵州　　D. 台湾

水瓶树肚子里真的全是水吗?

如果芝麻我问你，一棵树的树干里有什么？你可能会浮想联翩，树干里有虫子、年轮、树妖……故事源源不断地飞出来。但是，芝麻我不讲故事，而是告诉你，世界上有一种树叫水瓶树，它的树干里有很多水，你相信吗？

尽管听起来十分奇怪，不过这种树确实真的存在。水瓶树生长在非洲南部，这种树长得高大粗壮，主干可高达几十米，直径也能达到2米多，从远处看酷似一个巨大的啤酒瓶子，人们就形象地叫它“水瓶树”。这种树除了顶端的“瓶口”处长有稀少的枝条和树叶外，树干的其他部分没有分枝。水

瓶树高大粗壮的树干里贮存了很多的水，藏水量一般可达数千千克。

为什么水瓶树要在树干里贮存很多水呢？这主要是由其生存环境决定的。水瓶树生长在南部非洲，一年里有雨季也有旱季，但是通常雨季较短。水瓶树要想存活就必须适应环境，它的枝叶稀少，是为了减少体内水分的蒸发；它的根系很发达，是为了在雨季尽量多地吸收水分以备用。因此，水瓶树既不怕干旱，也不怕火烧。即使它遭遇火灾，最多只是毁损一些枝条和树叶，次年雨季到来的时候，它又会长枝、长叶。

在南美洲也有一种与水瓶树类似的树木，因为形似一只特大的纺锤，所以人们称它为纺锤树。这种树的体内同样贮藏着很多水，素有“植物水塔”的美誉。事实上，芝麻我今天所说的水瓶树与纺锤树是一样的，它们的树干里全是水。口渴的人见到它们，只要在树干上挖个小口，就可以尽情地畅饮大自然的“琼浆玉液”了。

芝麻告诉你

常言道“水火无情”，我们从小就学习了很多防火知识。大家知道山林防火很重要，因为那里有很多树木。树木就是燃料，一旦起火，势不可挡，后果不堪设想。但你可能没有想到，在树木王国中也有许多堪称消防英雄的树木，例如水瓶树。通常，树木之所以能够防火，往往是因为它有特别强大的水分代谢功能，通过水分蒸腾来降低树体的温度，防止其被高温灼伤。

现在，我要考考你们：在下列 4 种树木中，哪一种不是消防树？

A. 梓柯树　　B. 珊瑚树　　C. 纺锤树　　D. 牛奶树

世界未解之谜

海盗的神秘藏宝图真的存在吗？

恐龙是如何灭绝的？

海底真的有神秘的宫殿吗？

拿破仑是怎样死亡的?

拿破仑是芝麻我非常佩服的一位历史人物，因为他说过一句话："不想当元帅的士兵不是好士兵。"而拿破仑也正是从一名普通的炮兵战士成长为一名卓越的统帅的。他的出生带给了法兰西一位杰出的军事家和领导人，而他的死亡又因为扑朔迷离而给世界留下了一个未解之谜。对于这样一位芝麻我所崇拜的人的死因，我要是不好好探索一番，怎么能甘心呢?

拿破仑出生于法国的科西嘉岛，他五破反法联盟的入侵，沉重打击了欧洲各国的封建制度，捍卫了法国大革命的成果。他在法国执政期间多次对外扩张，发动了意大利战役、埃及战役、莫斯科远征，兼任意大利国王、莱茵联盟的保护者、瑞士联邦的仲裁者，并分封他的兄弟为各国国王，形成了庞大的拿破仑帝国体系，创造了一系列军政奇迹与辉煌成就。同时他也是一个很优秀的管理者，他颁布的《法国民法典》《法国商法典》《法国刑法典》，完善了世界法律体系，奠定了西方资本主义国家的社会秩序，巩固了法国资产阶级革命的胜利果实。对于他的丰功伟绩，再多文字的描述也显得苍白无力。

关于拿破仑死亡的传言有很多，我们先从他的死亡时间来说吧。1815 年 10 月，拿破仑被流放到大西洋的圣赫勒拿岛，1821 年 5 月 5 日，拿破仑在岛上去世。同年 5 月 8 日，在礼炮声中这位征服者被葬在圣赫勒拿岛上的托贝特山泉旁。这位伟人虽然死了，但是关于他的死因却众说纷纭。大不列颠及北爱尔兰联合王国医生的验尸报告显示，他是死于严重胃溃烂；但是其他专家却不以为然，有的研究者认为拿破仑死于砷中毒，而且有研究者从当年贵族爱用的墙纸上发现了含有砷的矿物，猜测是因为环境潮湿而让砷渗透了出来；也有一种说法是蒙托隆伯爵因为受到英国人的贿赂以及急于继承拿破仑留给他的一部分遗产，而在给拿破仑的葡萄酒中长期投放砒霜，致使拿破仑慢性中毒。

但是，美国科学家在研究之后宣布，拿破仑死于胃癌晚期，而并不是此前外界广为传说的砒霜中毒。研究人员表示，拿破仑的癌症属于晚期，癌细胞已扩散至全身其他器官。这种说法逐渐得到了人们的认可，这使得持续二百年的拿破仑死亡之谜终于尘埃落定。据史实记载，拿破仑的父亲同样死于胃癌，不过他自己的癌症最有可能是溃疡造成的细菌感染引起的。美国科学家认为，长期行军作战一般都是吃腌制食品，很少接触到水果和蔬菜，这种饮食习惯也增加了拿破仑罹患胃癌的可能性。

芝麻我佩服的拿破仑最后是死于胃癌，这多少让我感到些许伤感。

芝麻告诉你

拿破仑非常尊重知识，在远征途中，他曾下达过一条著名的指令："让驴子和学者走在队伍的中间。"不仅如此，拿破仑本人也是十分好学的，他精通数学，是法兰西科学院的院士，创造过一个"拿破仑定理"，很难想象吧？难怪他能成为优秀的炮兵战士，是数学让他的炮打得很准啊。

现在，我要考考你们：1799 年 11 月 9 日，拿破仑发动了雾月政变，并获得了成功，他创造了一个共和国，你知道它历史上叫什么名字吗？

A. 法兰西第一共和国　　B. 法兰西第二共和国

C. 法兰西第三共和国

海盗的神秘藏宝图真的存在吗？

在一望无际的大洋中，有一群以打劫船只为生的人，那便是海盗。他们横行于大海之上，常常将别人的黄金珠宝囊括于怀，可谓是无恶不作，当然他们绝没有电影《加勒比海盗》中的杰克船长那样俊美英勇。那么，他们真的如传说中所描述的那样，拥有神秘的藏宝图吗？藏宝图真的存在吗？

海盗是一个相当古老的犯罪行业，自有船只以来就有海盗出没，特别是航海发达的16世纪之后，只要是商业发达的沿海地带就不乏海盗的身影。由于海盗的特殊性和神秘性，在人们的观念中常常把他们与宝藏联系起来，而藏宝图就是连接海盗和宝藏的关键所在。自从著名探险家哥伦布四次远涉重洋探险美洲以

后，寻宝这一刺激、冒险的活动曾红极一时。尤其是沉没的泰坦尼克号被寻获后，里面价值连城的金银珠宝更是刺激着许多探险家，他们纷纷拿着所谓的藏宝图踏上寻宝的旅程。

然而时代不断变迁，至今也没有人真正找到宝藏的所在，藏宝图一说也渐渐在人们的记忆中淡漠了，至于藏宝图是否存在，谁又知道呢？也许宝藏仍然藏在某个神秘的地方正等待幸运儿的发现呢。随着工业时代的来临及科技的进步，各国的海军实力不断增强，对沿海的巡逻、监管力度也大大加强了，海盗们再也不敢那么肆无忌惮了，甚至在相当长的一段时间里已经销声匿迹了，但是海盗并没有就此绝迹。

芝麻告诉你

海盗虽然罪大恶极，但你知道吗？其实有许多海盗都出身不凡呢。如台湾郑氏王朝郑成功的父亲郑芝龙原来就是海盗出身；英国的探险家法兰西斯·德瑞克也是海盗，他是继麦哲伦之后，第二位完成环球航海旅行的冒险家；10 世纪的丹麦国王哈拉尔德也出身于海盗；有着西班牙海盗女王之称的埃斯坦巴·卡特琳娜，是当时巴塞罗那船王的千金。

现在，我就来考考你们：众所周知，加勒比海湾是海盗频出的地方，它也是世界上最大的内海，以印第安人部族命名，那你知道“加勒比”这个名字在印第安语中代表什么意思吗？

A. 勇敢者　B. 冒险家　C. 执着的信念　D. 和谐的港湾

芝麻大问号

恐龙是如何灭绝的？

每当看到电影画面中恐龙那凶狠的样子，芝麻我总是很害怕，但是对于神秘的恐龙，我又充满了好奇，想了解它到底是如何在这个世界上消失的。不止是我，科学家们也进行了很多研究和推测，你是如何看待这个问题的呢？今天，芝麻我带你一起去探究一下恐龙是如何灭绝的。

恐龙是中生代陆栖脊椎动物，它最早出现在大约两亿三千万年前的三叠纪，在大约六千五百万年前发生的“白垩纪生物大灭绝事件”中灭绝了。但是恐龙也是有后代的，它的后代——鸟类存活了下来，并繁衍至今。同学们在观看有关恐龙的电影的时候，会看到恐龙凶狠的面目和庞大的身躯，那么，恐龙到底长什么样子呢？

恐龙的种类很多，样子也千奇百怪。有些恐龙的身躯十分庞大，比如说雷龙；也有的恐龙身上有奇怪的骨板和骨片，比如说三觭龙；还有一种恐龙的背部耸起两排像剑一样的骨头，叫作剑龙；当然了，恐龙中也有非常残暴的，那就是身长达十四米的霸王龙了。恐龙家族中长相奇特的种类数不胜数，有一种恐龙的颚骨长得像鸭子的嘴巴，所以叫作鸭冠龙。还有一些恐龙生活在水中和天空中，能够游泳和自由飞翔。

同学们，在我们生活的地球上，有很多生物种类出现之后又都消失了，这是一个生物演化的必然阶段，那么，像恐龙这样一个庞大的家族，为什么会突然之间从地球上消失了呢？

恐龙家族的成员们在它们生存的时代生活在陆地、海洋和天空中，行走在森林、湖泊、沼泽里。由于恐龙生存的年代距离现在已经十分遥远，要想弄清楚这其中的原委，我们只能借助于化石研究，如果没有化石，我们对恐龙这一神秘的物种就会一无所知。科学家们通过对恐龙化石进行长期、系统的研究，渐渐地了解了恐龙的外形以及生活习性。

目前对于恐龙灭绝的假设有很多：有些科学家认为是由于陨星撞击地球导致的；有些科学家认为是由于物种斗争造成的；还有些科学家认为是大陆漂移的缘故。其他科学家也有各种各样的猜测：比如地磁变化说、酸雨说、火山爆发说、海洋退潮说、自相残杀说、物种老化说，等等。

在五花八门的猜想中，普遍被大家认可的是由于陨星撞击而导致的。1980年美国的一位科学家通过自己的研究推断出陨星撞击地球所形成的无与伦比的打击造成了恐龙的灭绝。如果以地震的强度来计算的话，当时的陨星撞击力可达里氏10级的强度，这些陨星撞进大海里，在海底撞出了一个巨大的深坑，海水被迅速汽化，引起了海啸，接着又引起了火山喷发，与此同时，地球板块的运动也随之发生了改变。这样的一场灾难，使极地冰雪融化，植物毁灭，火山灰充满着天空，一时间暗无天日，气温骤降，大雨滂沱，山洪暴发，泥石流将恐龙卷走并

埋葬。生物史上的一个时代就这样结束了，恐龙就这样在这个世界上消失了。

同学们，你们明白为什么恐龙会灭绝了吧？不过，这些都是科学家的假设，虽然有一定的科学性，但恐龙灭绝的真正原因，还等着同学们长大去发掘呢！

芝麻告诉你

下面让我们一起来看看世界上的恐龙之最吧！最大肉食性恐龙：棘龙，身长 16 ~ 19 米，体重 16000 ~ 26500 千克。最大的植食性恐龙：易碎双腔龙。最小的草食性恐龙：微角龙与皖南龙，身长约 60 厘米。最早出现的恐龙：阿根廷月亮谷地区发现的始盗龙，生活于三叠纪晚期。最迟出现的恐龙：角龙类恐龙。牙齿最长的恐龙：霸王龙，牙齿超过 30 厘米。最早被发现有羽毛的恐龙：近鸟龙。

关于恐龙的科学研究，科学家们的主要依据、基础是什么呢？

A. 数学推理　B. 基因排序　C. 化石研究　D. 恐龙图像

芝麻我在业余时间最喜欢看书，其中对神话故事更是偏爱。比如四大名著之一的《西游记》里，孙悟空曾经多次去过龙宫，在用美丽的珊瑚和贝壳建筑而成的宫殿里，虾兵蟹将提刀站岗，龙王身边站着美丽的龙女，英俊的白龙王子佩着宝剑……

看到这里，也许你会说，谁都知道，《西游记》是古代大作家吴承恩想象出来的故事，不是真的。但是芝麻我感兴趣的是，在幽深的海底真的有神秘的宫殿吗?海底有没有宫殿和城市，这个问题没有人能给出确切的答案。但是古往今来，很多人都相信，在海洋的深处，至少沉睡着一座真正的“海底城”，它的名字叫作“亚特兰蒂斯”。这个名字最早出现在古希腊哲学家柏拉图的书中，在古代印第安人的著作中也留有它的印记。据说在一万多年以前，亚特兰蒂斯就具有了高度发达的文明，那里的人能够建造高大的神庙，冶炼金属，甚至制造出了现代科技都无法制成的强大武器。而近百年来，考古学家在大西洋底找到的史前文明的遗迹，似乎在印证这个假说。

按照典籍的记载，这个史前超文明在大约公元前10000年时突然沉入了海底，亚特兰蒂斯人全部随着那块大陆一起消失在了海面以下，陆地上只剩下迁移到别处的人们。可是，亚特兰蒂斯并非真的就此消失了，因为这个大陆有着不可思议的命运。在1940年的时候，一个自称能够记起亚特兰蒂斯往事的人预言说："亚特兰蒂斯被水淹没的地域，是在佛罗里达外海比米尼岛附近，人们将会很快在海下世代沉积的泥沙下发现寺院。在那附近将重新浮出亚特兰蒂斯，它的一部分会在1968年至1969年之间被发现。"

就在1968年，确实在比米尼岛附近海底发现了两座石头建造的建筑，也就是今天被称为“比米尼大墙”的海下遗迹。1969 年 7 月，人们又在北比米尼岛发现了古代希腊样式的装饰用大理石圆柱。自此以后，海底部分开始隆起，那神秘的预言似乎开始实现了。

不过，时至今日，人们仍然不能确定，“消失的亚特兰蒂斯”是曾经真实存在，还是仅仅源自柏拉图的想象。谁都不知道，地球上是否真的出现过“超级文明”，也不知道，在那幽深的海底，是否真的留存有神秘的城市遗迹。

芝麻告诉你

深海是国际海洋科学技术研究的热点领域，也是人类解决资源短缺、拓展生存发展空间的战略必争之地。目前，人类所能达到的最深潜海纪录是 10916 米。2012 年，我国“蛟龙号”载人潜水器 7000 米级海试成功，这意味着“蛟龙号”可在占世界海洋面积 99.8% 的广阔海域自由行动。

现在，我要考考你们：我们都知道，中国是世界四大文明古国之一，以下几个选项中哪个不属于四大文明古国？

A. 古埃及　B. 古巴比伦　C. 古印度　D. 古罗马

科技超炫酷

像壁虎一样会爬墙的机器人你见过吗?

足球真的能用来发电吗?

有能在水里开的汽车吗?

说到壁虎，芝麻我还真研究过呢！每到夏天的时候，如果你注意观察的话，它们总是静静地趴在房檐下或墙壁上，一动不动。那灰灰的身体乍一看上去有一点儿吓人。你当然知道壁虎是一种有益的动物，而且它还有特殊的本领。除了掉尾巴还能长出来这种神奇的技能以外，壁虎爬墙的功夫无“人”能敌。

有的时候芝麻我就在想，如果我能够像壁虎一样吸在墙上多好啊，那样我就可以做一个“壁虎侠”了。嘿嘿，不过芝麻我没有尾巴，所以另一项绝技就无能为力了。

其实，我今天说的不仅仅是壁虎，而是像壁虎一样会爬墙的机器人。怎么样，你见过这样的机器人吗？

你是不是会对我说，不就是仿生学上的爬墙机器人吗？这有什么新鲜的。很多年以前，那些在高楼大厦上擦玻璃的机器人就声名远播了，这恐怕不是什么最新的科技信息了吧。

你说的一点儿也没错。但是，如果我说现在的爬墙机器人已经远远超过了原来靠吸盘自由行走的机器人，你是不是会觉得有一点点的新奇感呢？

一切都源于对壁虎为什么能吸在墙上掉不下来这个永恒问题的新发现。科学家们最新的科学研究成果表明，以往我们认为壁虎是靠吸盘吸附在墙面的说法竟然是错的！壁虎之所以能够吸附在墙上，竟然是因为——分子引力。

这些引力来源于壁虎脚上数以几百万计的刚毛。正是因为有了这些显微镜下才看得清楚的刚毛，它们之间产生了相互作用，才使得壁虎具有这么神奇的功能。虽然看上去这种引力很小，但是只要 1 万根壁虎脚上的刚毛就能够支撑 20 千克的重量。要是几百万根？哈哈！芝麻我的“壁虎侠”梦想就会实现啦！何况壁虎的脚底构造远不止数百万根刚毛那么简单，因为在每根刚毛的末端居然还有细小的分叉，这样的超级结构让壁虎脚底产生的分子引力迅速增大。你看，壁虎掉不下来的千古难题终于被解决了。

科学家们设想，如果模仿壁虎的脚底结构做出机器人，吸附的效果会不会优于吸盘式机器人呢？这种被称为“黏虫”的壁虎机器人很快就被研制出来了，它的外形很像壁虎，在每个像壁虎爪子一样的吸力手上都安装了数百万根微小的“刚毛”，你可别误会，这可不是向壁虎借来的，而是用人造橡胶制造的。每根“刚毛”只有2微米长，直径更是以纳米来计算，达到了500纳米。安装了这种特殊材料的机器人能够在光滑的玻璃上行动自如。最关键的是，这种机器人的用途比吸盘式机器人更为广泛。因为吸盘式机器人依靠大气压来工作，而新的壁虎机器人则能够出入太空舱，在宇宙空间和一些特殊环境中进行新的探索。

怎么样，别看壁虎很小，但是从它身上得到的知识还真是受用不尽呢！所以说，虽然人类拥有很高的智商，但是在这些方面，还是要继续向壁虎“拜师学艺”哦！

芝麻告诉你

可能是科学家听到了芝麻我的建议，他们很快研究出了壁虎胶布。这种胶布利用壁虎脚底的分子引力原理，在柔韧的胶布上面覆盖上百万根人工绒毛，这样只要一只手掌那么大的胶布就可以把芝麻我悬挂在摩天大楼上了。可是，芝麻我好像很恐高啊！

现在，我要考考你们：一只小小的壁虎如果使用全部刚毛的话，能够支撑多大的重量呢？

A.20千克　　B.50千克　　C.125千克　　D.1000千克

小时候，爸爸用过的“大哥大”，那是芝麻我见过的最早的手机。那时的手机还不能发短信，只能打电话和接电话，甚至连铃声都是单音的。随着科技的进步，你们看，现在的手机用处可太多了，除了最基本的通话联系功能外，还能玩游戏、上网、听音乐、看电影、购物、拍照、浏览报刊、查阅邮件、读电子书、当导航仪，等等。那你们想过未来的手机还能用来干什么吗？其实，手机不仅仅可以做上面说的这些事情，还有很多你想不到的用途呢，而且这些事情在不久的将来就会发生，甚至现在就已经实现了哦！

比如看病，如果家里有病人或行动不便的老人，就可以使用手机将它和血氧仪、脉搏检测仪组成一套“智能医疗”系统，在测量了血压、心率和心电图后，系统会将数据传输到医护人员的手机中。芝麻我觉得，说不定将来还会开发出新的软件，可以将手机与真正的医疗设备，比如血压计和糖尿病人的葡萄糖监测器等相连接，这种软件能够帮助病人将信息直接发送到医生那里进行即时诊断，甚至还能帮助医生用手机自动检查你的重要器官。

还有医疗急救专用手机，只要按下手机上的急救键，不论病人在什么地方，急救中心都可以迅速通过急救手机定位系统，找到呼救人的位置；与此同时，病人家属的手机上会收到自动短信通知。

将来，手机还能为反恐做贡献。这事儿听起来可真是新鲜！不过，这是可以实现的哦。只要在手机里安装可以侦测放射性同位素、有毒化学品和生物战剂等的探测器，在发现周围存在类似危险品的时候，手机就可以通过全球定位系统向应急人员发出警报，并传送确切地点和时间，以便让国家相关部门及时了解这些可能造成恐怖、恶性事件的信息，并迅速做出反应。

当然，未来的手机能够做的事情还很多，上面这些也许只是九牛一毛，随着科技的发展，手机肯定还会有更多让你意想不到的功用。在未来的日子里，你恐怕不时地会发出这样的惊叹：哇，手机还可以这么用……

芝麻告诉你

现在通信那么发达，手机已经成为了我们必不可少的日常生活用品，可手机的发明者究竟是何方神圣？不要急，手机的发明者不是神，其实他就是马蒂·库泊，位列于十大默默无闻技术之父的首位。不过手机发明之前还得感谢前人的发明，没有他们的发明就不会出现手机。比如，美国画家莫尔斯发明了“莫尔斯电码”；后来，英国的法拉第发现了电磁感应现象；再后来，赫兹在实验中证实了电磁波的存在，这一发现成为“有线电通信”向“无线电通信”的转折点，也成为整个移动通信的发源点……正如一位科学家说的那样：“手机是踩着电报和电话等的肩膀降生的，没有前人的努力，无线通信无从谈起。”

现在，我要考考你们：很多地方是禁止使用手机的，下面哪种情况是可以使用手机的呢？

A. 飞机起飞和降落过程中
B. 加油站、天然气加气站及存放易燃易爆化学品的仓库
C. 医院中的某些敏感地方
D. “和谐号”动车组一等座车厢

稍微对发电原理有所了解的人，都知道物体的运动可以产生电能，比如风车发电、水流发电和潮汐发电。但是，有谁会想到，一个被踢来踢去的足球，也能用来发电呢？说实话，芝麻我一开始真的不相信，一个朋友跟我说的时候，我还以为他是在开玩笑呢，可当他将新闻报道证据拿出来的时候，芝麻我真是吃了一惊呢。还真是足球，我们平时踢的足球，经过特别的改造以后，就可以发电了！

能用来发电的足球是美国哈佛大学的两位学生——杰西卡·马修斯和朱莉亚·希尔沃曼发明的。2008 年，两人都是大三的学生，她们曾经去非洲大陆旅行过，清楚足球在非洲是一项非常受欢迎的运动，非洲的孩子们常常就地取材自制足球。同时，非洲很多地区因为贫困而导致电力缺乏，不得不使用煤油灯进行照明，而煤油灯释放的烟气对人体损

害很大，在点燃煤油灯的环境中待一天，相当于吸了两包烟。这两位大学生便冒出一个想法——能不能发明一种足球，既可以用来踢，又可以把动能转化成电能储存起来，用于给电力缺乏的地区供电呢？

于是她们二人在投资者和家庭的帮助下，经过一系列测试，发明了“插座足球”。这种足球看起来与一个普通的足球没什么区别，但是它内部含有一个小型的直流发电机和一个储存器。当有人踢这个足球时，发电机就会因为足球的滚动转动起来，从而产生电流，电流会被储存到内置电池里，人们可以使用这节电池为手机等小电器充电。踢 30 分钟球所储存的能量足够令 LED 灯点亮 3 个小时。

这种“足球发电机”被发明出来以后，她们成立了一家公司进行专门的研究、改善，使它重量更轻。为了使这种发电足球也具有与普通足球一样的触感，研究团队选择了一种外表坚硬、内部具有弹性的双密度泡沫作为制作发电足球的材料，最终它的重量不足0.5千克，比普通足球稍重一点。目前，该公司仍然在研究这种发电足球维护与保养的相关问题。

相信不久的将来，“插座足球”完全可以大规模生产，世界贫困地区的人们，包括儿童，既能够体验踢球的快乐，又可以通过这种足球获得电能。而且，在其他相对发达的地区，也可以帮助人们节省能源，为世界环保事业做一份贡献。说不定，某一天中国的小朋友也可以踢到“插座足球”，从球场回到家，再使用它储存的电能做其他事情呢。

这让芝麻我想到，发明无止境，既然转

动的足球能够发电，那么篮球也可以吧？排球呢？乒乓球、网球……哇，世界是不是马上会出现一股“迷你”发电机革命风潮……

芝麻告诉你

足球起源于中国的战国时代，当时叫作蹴鞠，流行于中国临淄（今山东省淄博市临淄区）。最早用确切可信的文字记载这项运动的是《战国策》和《史记》，当时它作为具有军事性和娱乐性双重性质的活动而被记录下来。其后经过改良，蹴鞠慢慢得到普及，到了隋、唐时代，蹴鞠和佛教一起传到了日本，现在日语及韩文中仍有将足球称为“蹴球”的用法，这便是受到中国的影响。古代足球在规则、运动方式等方面均与现代足球有很大的区别。

现在，我要考考你们：小朋友，你知道2014年、2018年、2022年世界杯举办地分别在哪里吗？

A. 巴西　俄罗斯　卡塔尔
B. 巴西　英格兰　中国
C. 巴西　俄罗斯　中国
D. 巴西　西班牙和葡萄牙　卡塔尔

芝麻我是一个汽车迷。你问我迷到什么程度？对所有新出的车型和数据我都能如数家珍，这起码够得上一个高级发烧友吧！不信？很简单，你可以提关于汽车的任何问题。说来就来，这个问题是：有能在水里开的汽车吗？

现代的交通工具真是发达，陆地上有汽车，天上有飞机，海上有大船。长途有火车，短途有热气球，自己能骑自行车，还能从高空乘坐滑翔机飘浮很长一段距离呢。电影里的交通工具更加厉害，有的汽车开着开着就弹出了滑翔翼，直接飞了出去；也有的飞机落在水面就当游艇开，实在是太拉风了。可是，电影毕竟是电影，现实生活里有这样的交通工具吗？

其实早在2008年日内瓦国际车展上，就已经出现了一辆能在水里开的汽车。它是由瑞士科学家发明的，有一个很可爱的英文名字“sQuba”，意思是水陆两栖汽车。它的外形像是一辆普通的敞篷车，但身体里的秘密比普通汽车多太多啦！

在陆上，sQuba 看上去就是一辆普通的汽车，最高时速能达到 124 千米。但是，如果你把 sQuba 开到水中去，它就会亮出独门兵器——位于底盘两侧的螺旋式推进器。旋转！推进！陆地上的汽车瞬间变成了一艘在水面上移动的“船”。当然了，如果重新靠近岸边的浅坡地带，只要轻轻按动一个按钮，就能够重新变成陆地汽车，依靠四个轮子飞驰而去。sQuba 在水面行驶的最高时速约 5 千米，如果想在水下行驶也易如反掌，它最深能够潜入 10 米深的水下，在水下能保持约 3 千米的时速。可以说，如果这辆车能够变成普通商品进入每个家庭，就算你不会游泳也可以去海底玩一趟啦！

你是不是以为这辆车跟潜艇一样可以完全密闭？答案是：错！当你在水下行驶时，你的衣服会完全湿透，因为你要打开车门才会下潜。最重要的是在你下潜的同时，你一定要记住戴上车内的氧气面罩，这种压缩空气装置和潜水用的水肺原理相同。sQuba 车身两侧还设计了喷射口，这是为了汽车能够在水中进行左右转弯和上下移动，开着这辆车在水里行走，你一定会感到相当清凉哦。

sQuba 没有搭载普通的内燃机，它使用 3 个电动发动机为汽车提供动力，一个发动机负责陆地行驶，另外两个在潜水时发挥作用；这辆电动车最大的特点就是环保，它的 3 块充电式锂电池真正实现了“零排放、零污染”。

对于在水下行驶的汽车而言，车身选用何种材料也是应该考虑的重要因素之一。sQuba 的车身内部是由抗盐水腐蚀材料制成的，而整个车身则是用纳米碳纤维制造。轻巧的车身和防腐蚀材料不但可以保证汽车能够在河流中航行，还可以入海行驶。怎么样？够酷吧！想不想买一辆来玩一玩？唯一遗憾的就是，sQuba 暂时还是一辆“概念车”，也就是只有几辆作为试验和展览样本，并未投入大规模生产，也许在不久的将来，我们真的可以买到 sQuba 呢。

其实，水陆两栖车的出现已经有将近一百年的历史了。之前，它们主要被运用到军事方面，尤其是第二次世界大战的时候，很多国家都用过水陆两栖汽车。其中美国的一辆水陆两栖汽车经过改装后，由退役的美国士兵卡林和他的妻子驾驶，他们横渡了大西洋并完成了环游世界的旅行。而这辆英雄般的吉普车一共在陆地上行驶了 62400 千米，而在海上则足足航行了 15360 千米呢！

芝麻告诉你

如果能坐上在水里开的公交车，是不是更神奇?

虽然买不到 sQuba，但是我们真的可以在荷兰坐上这样的公交车！由于荷兰的许多国土都在海平面以下，地势极低，所以为了满足这种陆地和海水结合地势运送乘客的需要，荷兰鹿特丹市推出了一款水陆两栖公交车，可以载着游客们在鹿特丹的公路和水路上四处漫游，尽情领略城市的绚丽风景。

现在，我要考考你们：能在水里开的汽车最主要的特点是什么?

A. 它的发动机动力很强劲

B. 它的材料能够抗盐水腐蚀

C. 它有相应的排水和底盘密封装置

D. 它是敞篷的，外形像船

芝麻大问号

扫雷机器人遇到地雷爆炸怎么办？

有一天芝麻我和小伙伴在家里看电视，当我们看到一组士兵拿着特殊工具在雷区进行扫雷的镜头时，我的小伙伴担心得手心都出汗了，他说："要是用机器人代替人去探查那些可怕的地雷该多好啊，免得造成人员伤亡。"我摇头说："要想避免人员伤亡，最好的办法就是制止战争，不去布雷。你知道吗，现在人们为了减少人员伤亡，已经发明出了各种各样的扫雷机器人。"小伙伴想了想说："那扫雷机器人如果遇到地雷爆炸了该怎么办呢？是不是也会像人类那样造成伤亡呢？"

这个问题还真是让芝麻我思考了很久，世界上还有一些国家和地区处于战乱中，不少地方还埋藏着地雷和弹药，而且数量特别的惊人！更让你想不到的是，有些第一次世界大战和第二次世界大战中未爆炸的炸弹和地雷，在许多国家和地区还有残留。最初，扫雷的任务是由经过专门扫雷训练的工兵进行的。

随着科技的不断进步，为了完成需求量非常巨大的排雷工作，同时减少扫雷过程中不必要的人员伤亡，科学家们专门研究制造了用于战场扫雷作业的排爆军用机器人——扫雷机器人，用来代替人类扫除地雷和水雷。

根据扫雷工作场所的不同，我们可以把扫雷机器人分为陆用和海用两类。现在，随着机器人控制技术的进一步发展，扫雷机器人的实用化技术也取得了新的突破，更精确的地雷探测，更可靠、高效的地雷识别，更稳定、安全的地雷排除，这些扫雷技术的进步使机器人扫雷作业的效率得到进一步提高。

如果扫雷机器人遇到地雷爆炸应该怎么办呢？还是让我们来一次模拟真实环境的扫雷演习吧。要知道无论是陆用还是海用，扫雷机器人的整个扫雷过程都是由遥控它的扫雷专家通过操作笔记本电脑完成的。当演习中出现了连工兵都难以排除的地雷时，扫雷机器人就该大显身手了。它的探头能够灵敏地寻找到地雷，并做出标记。在这个过程中，扫雷机器人基本上不会出现失误。当雷场的地雷被全部找出后，剩下的就是引爆或者排除地雷。这对扫雷机器人来说基本上就是小菜一碟。

你一定会问，难道就没有万一吗？万一扫雷机器人被地雷误炸会怎么样？这个不用担心，大部分扫雷机器人都安装了防爆装甲，一般的地雷对于它们来说根本不算个事儿。即使运气不好被炸翻，经过修理之后一样能够重上雷场扫雷。

芝麻告诉你

对于在水里的水雷，扫雷专家们也有办法。水下扫雷机器人就像是一个潜入水底的“蛙人”，它依靠一条长长的电缆来提供动力和供扫雷专家遥控指挥。为了更有效率，它还随身携带了炸药，当探测到水雷的时候，它会像丢手绢一样轻轻地把炸药放在水雷旁边，然后迅速离开。之后只要扫雷专家遥控就能用炸药引爆水雷。

现在，我要考考你们：有一种“交通警察”战场机器人安装了多种传感器，可用于探测建筑物、掩体、隧道等处的地雷，你知道它是哪个国家研制的？

A. 中国　B. 美国　C. 俄罗斯　D. 英国

人能不能通过脑电波控制“阿凡达”？

你看过美国科幻电影《阿凡达》吗？影片中有一个桥段你一定记忆深刻：在潘多拉星上，下身瘫痪的海军战士杰克·萨利躺在密封舱中，通过头上戴着的复杂电子设备，利用脑电波操控克隆的外星人阿凡达。当然，这只是一部电影，是电影人的虚构。但是，你或许不知道，利用脑电波来操控物体已经不再是人类的空想了。

2008 年美国匹兹堡大学的科学家宣布实现了让猴子用“意念”控制机械手臂的运动。2011 年 10 月，美国杜克大学医学中心宣布他们不仅能够让猴子用“意念”移动虚拟手掌，还能感受虚拟手掌触摸物体的触觉信号。

2012 年，浙江大学团队宣布可以通过猴子的“意念”，控制机械手实现抓、勾、握、捏四种不同的手部动作。

2013 年，日本和法国的科学家对外展示了利用思想控制技术完成的高科技成果，操作者可以用大脑“意念”控制机器人的行动。

你是不是觉得很神奇呀，芝麻我也惊呆了！

这些出色的科学家们到底是怎样做的呢？芝麻通过上网、去图书馆查找资料、请教科学家老师……终于弄懂了。

首先我们要了解“脑电波”的概念。通俗地说，我们在进行各项生理活动时，比如心脏跳动、眼睛开闭、大脑思考问题等，都分别会产生一定的电位差和微弱的电流。当然是比较小啦，只有几毫安，要是跟我们日常使用的电一样，那我们还不被自己电死。以脑电波为例，大脑活动时，用科学仪器测量，就会在仪器的屏幕上显示出波浪一样的图形——这就是脑电波。人在兴奋、紧张、昏迷等不同状态之下，脑电波的频率会有明显的不同。正是因为脑电波具有这种随着情绪波动而变化的特性,人类对于脑电波的开发利用成为了可能。在电影《阿凡达》中，就是通过人脑和电脑等外部电子设备之间建立直接的联系，并对脑电波信息进行分析解读，然后再

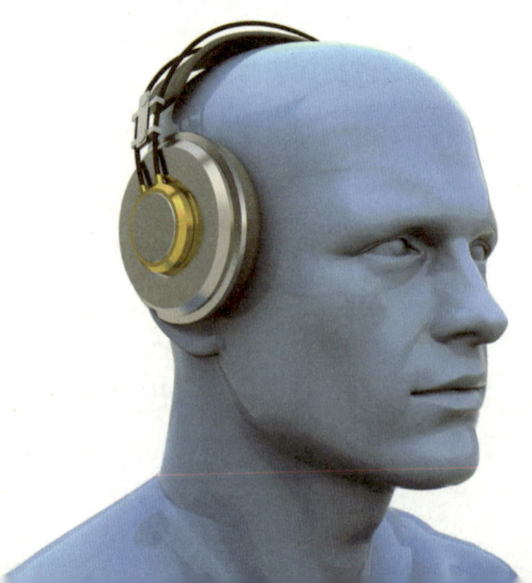

将其进一步转化为相应的动作，这就是用人脑操控“阿凡达”的基本原理。

人类对于脑电波的研究已经有60多年的历史，但是相关的科研成果一直没有能够进行大规模的商业化应用。一方面是由于人的大脑过于复杂，人类对于它的研究还比较初级；另一方面，脑电波测量困难也成为了阻碍技术进一步发展的重要原因。所以，同学们，你们可要努力学习呀，将来也去研究脑电波技术，将它充分利用起来，为人类造福啊！

芝麻告诉你

到目前为止，脑电波技术大多是应用在医疗领域的，比如治疗脑部疾病。还有一些正在做的实验，比如开发利用脑电波控制的义肢。另外，也有一些利用脑电波技术开发出来的玩具陆续上市，你是不是很兴奋啊？芝麻我也非常期待拥有一个这样的玩具呢！

现在，我要考考你们：在电影《阿凡达》中，纳美人骑着什么坐骑在空中飞行？

A. 狮鹫　　B. 翼兽　　C. 天马　　D. 孔雀

答案

第004页问题答案：A

第007页问题答案：A

第010页问题答案：B

第013页问题答案：A

第017页问题答案：B

第020页问题答案：B

第023页问题答案：D

第026页问题答案：D

第029页问题答案：D

第034页问题答案：D

第038页问题答案：C

第041页问题答案：B

第045页问题答案：D

第048页问题答案：A

第051页问题答案：B

第054页问题答案：B

第057页问题答案：D

第061页问题答案：C

第066页问题答案：D

第069页问题答案：C

第073页问题答案：D

第077页问题答案：C

第083页问题答案：C

第087页问题答案：B

第090页问题答案：C

第093页问题答案：D

第096页问题答案：B

第099页问题答案：D

第102页问题答案：C

第105页问题答案：D

第110页问题答案：A

第113页问题答案：A

第118页问题答案：C

第121页问题答案：D

第126页问题答案：C

第129页问题答案：D

第133页问题答案：A

第137页问题答案：C

第140页问题答案：B

第143页问题答案：B

芝麻将带你走进奥妙无穷的神奇世界！探索未知就是开拓未来！你的脑海里有多少个小问号？大千世界有多少不明白？赶快到芝麻的科学宝库里找找吧！

——中央电视台少儿频道主持人　小鹿姐姐

小时候我和身边的许多小伙伴都有当科学家的梦想，但总找不到探索科学的途径和方法。我的好朋友芝麻为今天的小朋友领航："芝麻开门"是一句神奇的咒语，一档神奇的电视节目，更是一本神奇的百科全书！

——中央电视台少儿频道主持人　周洲

芝麻虽小，但力量无穷。感谢芝麻为孩子的心灵打开一扇智慧之门。

——中央电视台少儿频道主持人　月亮姐姐

只有不畏攀登，不怕巨浪，才能登上高山，深入水底，找到科学的真理。请小朋友们跟随芝麻畅游在科学的世界里吧！

——中央电视台少儿频道主持人　金豆

觉得科学知识枯燥难懂吗？快来看《芝麻的科学书》吧！芝麻把科学知识变得简单有趣，让你爱上科学，成为小小科学家！

——中央电视台少儿频道主持人　杜悦

说一句"芝麻开门"吧，有无限惊喜等着你！芝麻的科学书，让科学变得好好玩！还等什么，赶快和芝麻一起探索科学的奥秘吧！

——中央电视台少儿频道主持人　阳光姐姐

很多事情，乍看上去就像芝麻的头发一样一团乱麻，没有头绪。但是，只要你用眼睛观察，用手实践，用心感受，你就会发现其中的规律，让我们记住那句密语"芝麻，芝麻，开门吧"！

——中央电视台少儿频道主持人　小时

芝麻爱大家，科学实验天天夸。孩子喜欢家长乐，学习知识有办法。

实验虽小道理大，出书总结最奥妙。生活之中切莫要，丢了西瓜捡芝麻。

——中央电视台少儿频道主持人　哆来咪

科学泡泡，动手动脑。芝麻开门，探索奥妙。

——中央电视台少儿频道主持人　红果果和绿泡泡

想推开科学的大门？打开这本书然后高呼“芝麻开门吧”！

——中央电视台少儿频道主持人　黄炜

让生活变得科学，让科学融入生活。我们爱芝麻，芝麻爱科学。

——中央电视台少儿频道主持人　毛毛虫

爆炸头的芝麻，博学、机智、顽皮、可爱，他亲身体验，亲手完成无数有趣的科学实验。想和芝麻一起玩科学？那就快说：“芝麻开门吧！”

——中央电视台少儿频道主持人　徐柳

芝麻芝麻真神奇，大大脑袋智慧多；众多动物来聚会，芝麻机智答疑惑；大象小马该吃啥，猩猩猴子如何分；不用去找老师问，芝麻这就告诉你。快加入芝麻的科学派对吧！

——中央电视台少儿频道主持人　陈怡姐姐

更多精彩阅读

芝麻科学探险解谜系列惊喜来袭！

这里有让孩子脑洞大开的科学元素和科学知识；

有惊险刺激、悬念迭生的科学探险故事；

还有开阔视野、增长见识的烧脑谜题……

快来跟少年芝麻一起体验神秘的科学探险之旅吧！

真相在召唤！

神秘地图（1）：草原王国的守望者　神秘地图（2）：潜水艇上的法老王

神秘地图（3）：始皇陵中的永生石　神秘地图（4）：雨林神殿的隐形人

神秘地图（5）：远古巨龙的咆哮声　神秘地图（6）：翡翠岛上的机械师

神秘地图（7）：彩虹山谷的暗影侠　神秘地图（8）：塔斯马尼亚的恶魔

神秘地图（9）：雪域高原的狼图腾　神秘地图（10）：地心溶洞的凤凰劫

一张神秘地图的召唤，崇尚科学、喜欢探险、勇于挑战的少年芝麻——麻哥和小伙伴们踏上了危机四伏、惊心动魄的科学探险之路，穿越草原王国、潜入黑暗海底、揭示永生之谜、探秘神奇雨林、历险恐龙世界、勇闯遗失海岛、深入蛮荒山谷、冒险世界尽头、奔赴雪域高原、涉险地心溶洞……他们依靠不凡的想象力和一往无前的勇气，辅以科学的神奇力量，不断战胜大自然的险恶环境，与暗藏的黑暗反派斗智斗勇……